高职高专“十一五”规划教材

会计综合模拟实训

主　编　徐艳清
副主编　崔　阳　曹春红　任桂忠　徐春玲
编　者　宓小婷　倪金风　乔　丽　刘　丽　胡天纯

中国石油大学出版社

内容简介

本书按照《企业会计制度》和《企业会计准则》，仿真设计一套完整的制造业企业的经济业务，配以模拟原始凭证、真实空白记账凭证、空白账表等资料，让学生独立完成从填制会计凭证、登记账簿、编制会计报表，到凭证、账簿装订成册的会计处理的全过程，具有针对性、系统性、实用性、规范性和可操作性等特点。

本书可作为高职高专院校会计实训教科书，也可作为各类成人高校实训教材和在职人员培训教材或成人自学参考用书。

图书在版编目(CIP)数据

会计综合模拟实训/徐艳清等主编.—东营:中国石油大学出版社,2008.2 (2015.1 重印)

ISBN 978-7-5636-2530-7

Ⅰ.会... Ⅱ.徐... Ⅲ.会计学 Ⅳ.F230

中国版本图书馆CIP数据核字(2008)第002777号

书　　名：会计综合模拟实训
作　　者：徐艳清 等

策划编辑：宋秀勇（电话　0532－86981533）
责任编辑：宋秀勇　刘　清
封面设计：九天设计

出 版 者：中国石油大学出版社（山东 东营　邮编 257061）
网　　址：http://www.uppbook.com.cn
电子信箱：yibian8392139@163.com
排 版 者：中国石油大学出版社排版中心
印 刷 者：沂南县汇丰印刷有限公司
发 行 者：中国石油大学出版社（电话　0532－86983437）
开　　本：185mm×260mm　印张：17.25　字数：287 千字　插页：5
版　　次：2015 年 1 月第 1 版第 4 次印刷
定　　价：29.00 元

高职高专财经类"十一五"规划教材

编委会名单

前言

Preface

近年来，会计人才市场上出现了“冰火两重天”的现象——用人单位找不到所需的会计人员，会计专业的毕业生则找不到理想的岗位。问题出在哪里？人才需求方在招聘时往往关注所需人才能否很快进入角色、胜任会计岗位以降低培训成本，而作为供给方的学校在现有教育过程中没有从应有的高度审视和重视用人单位的需求。会计教育如何适应现代社会快速发展的需要，这是会计教育当前所面临的重大课题。在此背景下，我们在全国首次联合厦门网中网软件有限公司，编写了本套会计系列实训教材。通过本套教材的应用可以让学生真正学会“运用、分析、综合、评价”所学的知识，锻炼职业技能和职业胜任能力，培养职业道德，提高学习兴趣。

本套教材以现代社会对人才的需求为目标，立足高职高专会计教育实际，体现了以下几个特点：

一、课堂教学与网络教学相结合

目前，学校普遍压缩授课时间，给学生更多的自主学习的时间，厦门网中网软件有限公司的教学网站(http://www.netinnet.cn/jctest)，为我们配备了丰富的教学资源并随时进行补充和更新，可以满足学生预习、复习以及提问、答疑、测试等需要，从而教会学生主动学习，训练学生独立思考问题的能力。

二、手工操作与计算机操作相结合

本套教材打破了以往实训教材仅限于手工模拟或计算机操作、二者不能兼容的局限，学生既可以手工模拟操作，又可以登录厦门网中网教学网站利用教学软件进行计算机操作。

三、理论教学与实践教学相结合

本套实训教材与相关课程的理论教学内容紧密结合，设计了单项实训和综合实训，单项实训可以使学生及时理解和巩固所学理论知识，综合实训则进一步提高学生的实践能力。

本书由徐艳清担任主编并拟定提纲，由崔阳、曹春红、任桂忠、徐春玲担任副主编，参加本书编写的人员还有：宓小婷、倪金凤、乔丽、刘丽、胡天纯。

本套会计实训系列教材是全国十几所高职高专院校教师和学生共同劳动的成果。成书过程中，得到了厦门网中网软件有限公司的大力支持和帮助，在此，表示衷心的感谢！

由于水平有限、时间仓促，书中难免存在疏漏之处，恳请会计界的专家、学者批评指正，以便再版时补充修改。

编　者

2008 年 1 月

Contents

目录

第一部分 Chapter One

《会计综合模拟实训》使用指南

为了帮助教师与学生更好地使用《会计综合模拟实训》教材，编制本使用指南以供参考。

一、实训的目的

本实训是通过模拟厦门东方家具有限公司等一个企业一个月的经济业务，让学生全面掌握企业财务处理的全过程，了解企业的内部流程，了解企业内部控制，熟悉企业纳税申报。

二、能力要求

本实训要求学生全面学习基础会计学、财务会计、成本会计的基本知识，熟悉税法和经济法，特别是增值税、企业所得税和个人所得税的有关知识和合同法与票据法的有关知识。

三、实训的组织形式

实训以学生模拟动手为主、教师为辅的方式进行。实训有一个内在的逻辑过程，因此，教师在组织实训过程中应引导所有学生按一个统一的步骤进行实训，具体的顺序教师可以根据自己的教学目的和要求作相应的调整。

四、本实训的框架

1. 建账。

本部分要求学生根据提供的期初科目设置与科目余额建立一套完整的财务账，具体包括现金日记账、银行存款日记账、明细分类账（三栏式）、往来账（三栏式）、存货明细账（数量金额式）、生产成本明细账、多栏明细账和总账。

2. 日常经济业务处理。

本部分要求学生根据提供的经济业务的文字描述和提供的原始凭证资料，完成企业内部的原始凭证，如支票的填写、发票的开具，然后根据这些原始资料编制记账凭证。本部分是整个实训的重点，我们尽可能地根据财务会计的各个知识点来编制经济业务。学生通过这些实训，一来可以巩固财务会计的理论知识；二来可以直观地了解现实生活中企业的运作和单据，特别是单据，我们都尽量采取仿真及最新的单据类型。

3. 期末账项调整。

本部分要求学生掌握企业期末的账项调整，包括期末的对账、资产盘点、费用的摊销及计提、税金的计算及损益的结转等。

4. 登记明细账簿及月结。

本部分要求学生根据自己编制的记账凭证来登记明细账。

5. 登记科目汇总表。

本部分要求学生根据记账凭证登记科目汇总表。

6. 登记总账。

本部分要求学生根据科目汇总表登记总账。

7. 编制会计报表。

本部分要求学生编制会计报表，包括资产负债表、利润表和现金流量表(由于只有一个月的经济业务资料，因此，现金流量表的编制期限为一个月)。

8. 编制纳税申报表。

本部分要求学生编制增值税纳税申报表和企业所得税纳税申报表(企业所得税申报表以一个月的资料为依据编制，关键是让学生了解企业所得税申报表的格式及相关的费用扣除计算等)。

五、本实训参考的教学组织

本实训各部分之间相互连贯，但也相互独立。教师既可以按照企业的一般财务处理程序来组织实训，也可以从方便学生理解和掌握的角度出发，打乱教学章节组织实训，对一些章节，可以有选择性地进行实训。下面提供两种组织实训的方式：

1. 按企业财务处理的顺序实训，即按照建账—审核原始凭证—填制记账凭证(包括审核)—登记明细账—编制科目汇总表—登记总账—编制会计报表—填制纳税申报表的顺序。这个顺序可以按步骤进行，也可以填制记账凭证后立即登记明细账，将日常经济业务处理和登记明细账结合进行实训。

2. 按先进行日常经济业务处理，再进行账务处理的模式组织实训，即让学生先执行日常经济业务的处理，等基本的业务处理完毕，学生有比较直观的认识后，再组织学生建账，这时学生对建账的要求会有更好的理解，然后集中一段时间登账和进行期末处理。这种实训方式一般要求教师发挥主导作用，学生按教师的主导进行实训。

至于选择性实训，即有关部分可以选做或不做，如编制现金流量表、企业所得税纳税申报表等。

六、本实训的主要参考文献

本实训的主要参考文献为《企业会计制度》、《企业会计准则》、《会计工作基础规范》、《支付结算办法》、《现金管理暂行条例》及有关的法律、法规和教材等。

七、提高重视程度

鉴于会计综合模拟实训的重要性，学生必须高度重视，做到全心、全程投入，努力完成任务。实训过程遇到问题可相互讨论、检阅资料，或向同学、老师请教，实训过程杜绝抄袭。

八、本实训的操作规范要求

1. 书写用具规范。

登记凭证和账簿要用蓝黑墨水或碳素墨水书写，不得用圆珠笔或铅笔书写，红色墨水只用于划线、改错、冲减、负数余额等方面的书写。

2. 文字书写规范。

会计工作的文字表达要简明扼要、准确，书写字迹要工整、清晰，不得刮、擦、挖、补或用药水涂改液等消除字迹，并且符合下列要求：

(1) 大写金额一律用正楷或行书书写，大写金额数字前应写明币种名称，币种名称与金额首位数字之间不留空位，数字之间更不能留空位。

(2) 大写金额写到元或角为止的，后面应写上“整”字或“正”字，写至分位的，可不写“整”字或“正”字。

(3) 金额数字中间连续几个“零”字时，可只写一个“零”字，如元位为“零”，可写“零”字，也可以不写“零”字。

(4) 表示位的文字前必须有数字，如 10 元应写成“壹拾元整”，而不能写成“拾元整”。

(5) 大写已有固定位数的单据，凡空白和零的位数，应逐一填写“零”字，不得用“另”、“0”、“×”等字符代替，如前后连续有两个或以上的零位数，也可以采用简便操作在中间划双横连线。

3. 阿拉伯数字的书写规范。

每个数字要大小匀称，笔画流畅，每个数码独立有形，不能连笔书写，使人一目了然。此外，还应符合下列要求：

(1) 收入和支出凭证的小写金额，前面应写币种符号(如￥)，符号与数字之间不能留空位，后面可不写“元”字。除表示单价外，一律写至角分位；无角分的可写成“00”，或者用“—”表示；有角无分，分位应写成“0”，不得用符号“—”代替。金额的空白行应划线注销。

(2) 除“4”、“5”以外的数字，必须一笔写成，不能人为地增加数字笔画，也不能写完后再加粗笔画。

(3) 书写的数字应有一定的倾斜度，一般为 45°～60°左右，数字还应紧贴底线，但上不可破格，数字一般是格高的 1/2 为宜。

(4) 书写“1”字应按倾斜度满格写，不宜写得过短，以防止改写；书写“6”字时要顶满格子，下圆要明显；“7”、“9”两字的落笔可延伸到底线外面。

4. 会计科目规范。

采用的会计科目要符合会计制度规定，要写全称，不能简写，子目、细目要准确，会计分录中会计账户(科目)的对应关系要清晰、明确。

5. 在模拟实训操作中，应将原始凭证剪下，粘贴在根据其所填制的记账凭证后面，并联系编号。全部实训结束后，再将记账凭证连同所附的原始凭证按顺序整理、装订成册，并加剧封皮，注明模拟企业名称以及经济业务的年度、月份和起讫日期，然后由装订人(实训者本人)签名盖章。此外，将各种各样的账页，按类整理，装订成册。会计报表的整理亦是如此。

九、课时

全部综合实训所需课时约为 120 学时。

第二部分 Chapter Two

实训公司的基本资料

一、单位名称:厦门东方家具有限公司

1. 基本情况。

公司成立于2005年,由李佳和王薇共同投资组建,公司总注册资本为500万元,其中李佳投资275万元,占55%的股份,王薇投资225万元,占45%的股份。

公司注册地址:厦门市兴山路89号 5665555。

公司开户行:中国银行厦门市分行营业部。

账号为:9556600100264582。

国税登记号:350220060704115。

地税登记号:3502200607041150。

公司主要从事办公家具的生产和销售,主要产品有办公桌和办公椅。

股票开户证券公司:厦门华翔证券公司。

股票账号:A31720164655。

保证金账号:200501311。

2. 公司组织结构。

总经理:李佳

办公室:负责行政事务、后勤事务、工资计算、人员招聘等。

财务部:负责组织公司的日常财务核算和财务管理。

采购部:负责原材料的采购。

研发部:负责新品的研制、开发等工作。

销售部:负责市场开发、产品销售。

生产部:负责生产计划的编制、产品检验等。

物料部:负责物料控制、成品及原材料的保管等。

木工车间:负责板材的切割、加工等。

油漆车间:负责将加工的木材进行油漆。

装配车间:负责组装成品。

机修车间:负责设备、水、电等的维修。

3. 公司各部门岗位的设置(见表2-1-1)。

公司总人数为41人。

表 2-1-1

部门	姓名	职务	类别
办公室	李佳	总经理	管理人员
办公室	张跃	主任	管理人员
办公室	孙瑶	人事	管理人员
办公室	刘海	司机	管理人员
办公室	曾加	司机	管理人员
财务部	王志	经理	管理人员
财务部	陆梅	会计	管理人员
财务部	王平	会计	管理人员
财务部	孙朋	出纳	管理人员
采购部	王薇	经理	管理人员
采购部	郭力	采购员	管理人员
销售部	许飞	经理	销售人员
销售部	游奇伟	业务员	销售人员
销售部	刘卫	业务员	销售人员
销售部	李婷	业务员	销售人员
研发部	郑凡	经理	管理人员
研发部	周迎春	设计人员	管理人员
研发部	陈震	设计人员	管理人员
生产部	许青	计划	管理人员
生产部	刘杰	质检	管理人员
物料部	赵敏	物控	管理人员
物料部	叶芹	成品库仓管	管理人员
物料部	王世杰	材料库仓管	管理人员
木工车间	廖汉文	主任	车间管理
木工车间	陈棋	工人	基本生产
木工车间	江斌	工人	基本生产
木工车间	吴桐	工人	基本生产
木工车间	白洁	工人	基本生产
木工车间	周丽	工人	基本生产
油漆车间	王茂才	主任	车间管理
油漆车间	阳阳	工人	基本生产
油漆车间	赵林	工人	基本生产
装配车间	董如	主任	车间管理
装配车间	张涛	工人	基本生产
装配车间	李英	工人	基本生产
装配车间	张雄	工人	基本生产
装配车间	刘小五	工人	基本生产
装配车间	柳如凤	工人	基本生产
机修车间	王松	主任	辅助生产
机修车间	秦伟	设备维修	辅助生产
机修车间	何永	水电维修	辅助生产

4. 公司生产的基本流程。

公司产品的主要原材料为胶合板、油漆。其中，胶合板分为普通胶合板和特种胶合板，而油漆根据颜色分为白色、银色、棕色，同时，生产过程中需要一些辅料，如酒精。其他配件忽略。

公司的生产流程为将胶合板发至木工车间，由其进行切割加工成各种型材，各种型材转至油漆车间进行油漆，再转至装配车间装配成成品后办理入库，如图 2-1-1 所示。生产过程中机修车间为各车间提供设备、水、电维修。生产按批次组织，同一批产品所耗用的物料一次性发放。

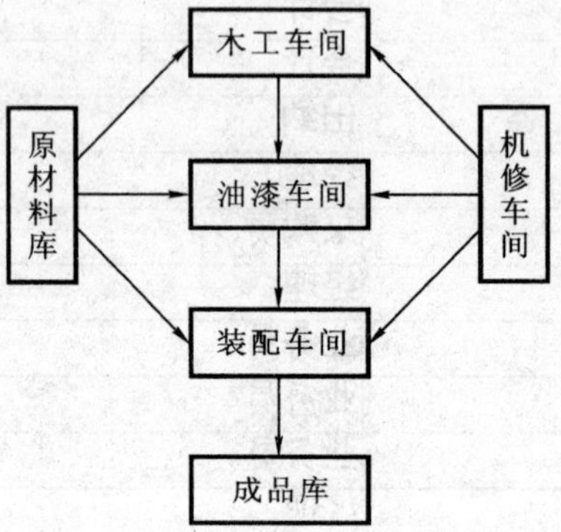

图 2-1-1

二、厦门东方家具有限公司会计组织及会计政策

(一) 会计工作组织及分工

王志：财务经理，负责组织公司的日常核算，对公司发生的各项经济业务进行审核，制定公司内部控制制度；负责审核记账凭证；编制财务预算；负责登记总分类账；负责编制财务报表；负责保管财务专用章；负责会计档案的整理和管理。

陆梅：记账会计，负责登记各种明细账；负责开具发票；负责财产清查、往来款管理等会计管理工作；负责保管发票专用章。

王平：制单会计，负责编制记账凭证；负责固定资产的核算；负责期末账项的处理。

孙朋：出纳，负责现金收付和银行结算业务；负责登记现金日记账和银行存款日记账；负责发放工资。

(二) 货币资金管理

1. 库存现金实行限额管理，核定的库存现金限额为 10 000.00 元，现金使用范围按《现金管理暂行条例》的规定执行。

2. 银行存款只设置基本存款账户。

3. 现金和银行存款的支付必须凭有效的审批单据才能支付，具体由出纳办理。有效的审批单据可以是《付款申请单》、《费用报销单》或发票等。审批过程为：经办人签字确认，部门经理签核意见，财务经理审批，总经理核准。

4. 公司在证券公司开设的保证金账户视同银行存款账户进行管理，证券投资的买卖必须由财务经理和总经理核准后才能进行。

5. 银行汇票、银行承兑汇票等票据视同现金管理，由出纳保管，相关的支付需按公司的支付流程办理。银行承兑汇票的贴现必须经过财务经理和总经理的核准。财务部应登记备查簿，并定期进行盘点核对。

6. 保证金账户由财务部编制保证金的明细表，并与银行承兑汇票相互稽核。

7. 公司财务部每月终了前必须指派专人对出纳的现金进行一次全面的盘点，并填制《现金盘点表》。

8. 银行存款应根据银行存款对账单编制银行存款余额调节表，若发现不符，应及时查明原因，并报财务经理作相应的处理。

（三）销售及收款管理

1. 销售由销售部门负责，业务人员负责与客户谈判，签订的销售合同必须由财务部经理和总经理核准才能生效。

2. 业务人员不得经手货款和货物，所有的款项直接打入公司的银行账户，不得收受现金。

3. 销售合同订立后，由销售部门编制《销售通知单》，《销售通知单》由销售部经理审核、财务部经理和总经理审批后交财务部开具《出库单》交成品库发货。成品库发货后应将《出库单》返回财务部，作为开具发票和结转成本的依据。

4. 销售退货经销售部经理、财务经理和总经理核准后才能办理，成品库凭核准的退货单接收退回的成品，并填制红字《出库单》交财务部。

5. 发票的开具由记账会计根据销售合同、销售通知单和《出库单》开具。

6. 赊销政策由销售部经理、财务经理和总经理会签核准后执行，财务部经办会计在核准的赊销政策下办理赊销业务，但不得越权办理。

7. 现金折扣和销售折扣与折让等必须经销售部经理、财务经理和总经理会签核准才能执行，业务员不得自行给予客户任何类型的折扣。

8. 销售过程中收取应收票据的，应在合同的结算方式里标注清楚，如已发货后需要采取票据结算的，应重新审批。

9. 应收账款由业务员负责催收，财务部监督催收。

10. 财务部应每月和客户对账，并取得对方签字确认的对账单，经办业务员应协助财务部对账。对账过程中发现的差异，应及时查明原因，必要时应报财务经理和总经理。

11. 销售部应建立客户档案资料，业务员的变动应及时办理档案资料的交接工作。

12. 财务部按客户名称设置明细账，加强对应收账款的管理。

（四）采购与付款

1. 采购部应根据经批准的生产计划编制采购计划，采购计划应由采购部经理、财务经理和总经理会签。

2. 采购人员根据采购计划编制采购合同，采购合同应详细记载采购的材料的型号规格、数量、单价、金额、运费及结算方式、交货日期、交货地点和运输包装方式等。采购合同必须财务经理审核、总经理批准后才能生效。

3. 原材料仓库根据采购合同办理货物验收，不得多收，不得接收采购合同上未记载的货物。仓库同时应填制《进仓单》，送财务部和采购部结算。

4. 原材料入库前需进行检验，检验不合格的货物不得办理入库。

5. 采购付款由采购部填制《付款申请书》，财务经理和总经理核准后交由出纳办理。

6. 材料退货应取得供应商开具的退货证明，并由采购人员催收退货款，财务部负责监督。

7. 财务部根据采购合同、《进仓单》和供应商的发票办理采购核算。

8. 采取预付账款结算的，应报请财务经理和总经理核准，并由财务部监督预付账款的管理。

9. 建立合格供应商名单管理，合格供应商应由内部各部门集体决策。

10. 财务部应按供应商的名称建立明细账，财务部定期与供应商对账，并取得对方签字确认的对账单，采购员协助财务人员开展对账工作。

（五）存货管理及核算

1. 生产发料由物料部物控人员根据生产计划编制《发料单》，仓库根据经批准的《发料单》发料，不得多发和少发。《发料单》应交一联给财务部进行成本核算。

2. 生产车间负责对生产物料进行管理，车间之间半成品的交接应填写交接记录，但不设置半成品库。产品完工后由装配车间办理入库，入库前必须由质检人员检验，成品仓库根据质检人员检验合格的单据办理成品入库。

3. 存货的管理实行永续盘存制，财务部每月对存货进行一次全面盘点，必要时，可以进行不定期盘点。

4. 存货成本计价方法如下：

(1) 原材料与包装物实行计划成本计价法。

(2) 低值易耗品摊销采取一次摊销法。

(3) 库存商品、委托代销商品、分期收款发出商品等采取月末一次加权平均法。

（六）固定资产管理及核算

1. 一般固定资产的采购由使用部门提出申请，财务经理和总经理核准后采购，重大固定资产需要编制项目可行性研究报告，报公司董事会批准后才能采购。

2. 固定资产的验收由使用部门、固定资产管理部门共同验收，财务经理和总经理核准。

3. 固定资产的报废由固定资产管理部门提出申请，财务经理和总经理核准。

4. 固定资产的折旧年限为：机器设备为 10 年、运输工具为 12 年、其他固定资产为 5 年。

5. 固定资产采取平均年限法计提折旧。

6. 固定资产的净残值率为 5%。

7. 固定资产的大修理等维护支出，在发生时直接计入当期损益。

（七）工资及福利费

1. 公司的职工工资由基本工资、岗位工资、交通费补贴、通讯费补贴、津贴、奖金、加班工资及考勤扣款组成。

基本工资根据员工的学历、资质等综合确定。

岗位工资根据员工任职岗位的性质确定。基本工资和岗位工资实行固定工资制。

交通费补贴和通讯费补贴主要发给管理人员，根据其工资内容综合确定。

津贴是给予特殊岗位的工作人员，是其工作环境方面的一种补偿。

奖金主要根据本月的经营业绩及综合考评发放，主要发给管理人员，一般由办公室主任、财务经理和总经理协商确定。

加班工资根据个人加班时间和国家有关法律、法规的规定计算发放。

员工缺勤应根据基本工资和岗位工资计算缺勤扣款，从工资总额中扣除。

计算公式为：

应发工资＝基本工资＋岗位工资＋津贴＋交通费补贴＋通讯费补贴＋奖金－考勤扣款

2. 公司按照厦门市政府的有关规定缴纳社会保险费，主体缴费的比例如下：

基本养老保险：按应发工资总额的22%缴纳，其中企业承担14%，个人承担8%。

医疗保险：按应发工资总额的10%缴纳，其中企业承担8%，个人承担2%。

失业保险：按应发工资总额的3%缴纳，其中企业承担2%，个人承担1%。

工伤保险：按应发工资总额的1%缴纳，全部由企业承担。

生育保险：按应发工资总额的0.8%缴纳，全部由企业承担。

3. 公司按国家法律规定代扣、代缴个人所得税，个人所得税税前扣除标准为1 600元/月，个人承担的社会保险费缴款可以在税前扣除。

4. 公司按应发工资总额的14%计提福利费，按2%计提工会费。工会费一般几个月汇总划拨给工会。

(八) 成本与费用

1. 生产成本按品种法计算。

2. 公司的领料及费用按受益对象进行归集，其中直接材料、直接人工和制造费用计入产品成本，其余计入期间费用。

3. 辅助生产成本按其他部门耗用的生产小时进行分配。

4. 制造费用按产品耗用的生产工时进行分配。

5. 期末产成品成本和未完工产品成本之间采取约当产量法进行分配。约当产量由生产部结合实际生产情况确定。

6. 差旅费政策：员工出差，每天补贴100元。

7. 费用报销一般由经办人填制《费用报销单》，财务经理与总经理审批后由出纳付款。

(九) 税金及附加

1. 本公司为增值税一般纳税人，增值税税率为17%。

2. 本公司企业所得税为15%，没有其他优惠措施，企业所得税的核算采取应付税款法。(由于课件中只提供了一个月的经济业务资料，但为了给学生提供实训机会，因此，假设企业所得税的计算以一个月为基础，相关标准的计算也只能按一个月来计算，教师在做企业所得税的实训时有必要向学生说明)

3. 本公司兼营的营业税应税劳务，与增值税收入分开核算，因此，按从事的非应税劳务本身的税率计缴营业税。

4. 本公司按照应交增值税和营业税的合计数计算交纳城市维护建设税及教育费附加，其中城市维护建设税的税率为7%，教育费附加征收率为3%。

5. 本公司的计税工资标准为每位职工960元/月，福利费和工会费根据计税工资计提数在税前列支，职工教育经费在计税工资的1.5%内据实扣除。

6. 本公司以前年度的企业所得税假设已经进行结算。

7. 除经济业务中购买印花税税票外，不考虑其他税费。

(十) 其他

1. 公司应按月预提利息，购建固定资产过程中，不考虑利息资本化。

2. 公司应根据法律规定，每年按14%计提法定盈余公积，计提法定盈余公积后的利润分配由董事会决定。

3. 未列明的其他会计事项，根据《企业会计制度》的相关规定处理。

4. 实训公司期初账户余额如表2-2-1～表2-2-3所示。

表 2-2-1 东方家具公司期初账户设置一览表

编号	总账科目	子目	细目	账户类型	期初余额	
					借方余额	贷方余额
1001	库存现金			现金日记账	5 000.00	
1002	银行存款			银行存款日记账	300 000.00	
1012	其他货币资金			三栏账		
101201		保证金存款		三栏账	12 000.00	
101202		银行汇票存款		三栏账	200 000.00	
101203		存出投资款				
1503				三栏账		
1121				三栏账		
112101		厦门华联商厦有限公司		三栏账	1 000 000.00	
112102		厦门张氏家私有限公司		三栏账	500 000.00	
1131	应收股利			三栏账		
1122	应收账款			三栏账		
112201		厦门唐门家具有限公司		三栏账	750 000.00	
112202		厦门凯乐装饰有限公司		三栏账	400 000.00	
112203		厦门禾山电子有限公司		三栏账	100 000.00	
1221	其他应收款			三栏账		
122101		郑凡		三栏账	5 000.00	
122102		许飞		三栏账	10 000.00	
1231	坏账准备			三栏账		6 250.00
1401	材料采购			三栏账		
140101		特种胶合板		三栏账	10 200.00	
140102		普通胶合板		三栏账		
140103		油漆(白色)		三栏账	3000.00	
140104		油漆(黑色)		三栏账		
140105		油漆(棕色)		三栏账		
140106		酒精		三栏账		
1403	原材料			数量金额式		
140301		特种胶合板		数量金额式	100 000.00	
140302		普通胶合板		数量金额式	200 000.00	
140303		油漆(白色)		数量金额式	16 800.00	
140304		油漆(黑色)		数量金额式	22 400.00	
140305		油漆(棕色)		数量金额式	17 500.00	
140306		酒精		数量金额式	1 500.00	
1411	周转材料			数量金额式		
141101	包装物			数量金额式		
14110101		塑料包装袋		数量金额式	6 000.00	
141102	低值易耗品			数量金额式		

续表 2-2-1

编号	总账科目	子目	细目	账户类型	期初余额	
					借方余额	贷方余额
14110201		工作服		数量金额式	3 600.00	
14110202		工具		数量金额式	3 000.00	
14110203		口罩		数量金额式	300.00	
1404	材料成本差异			三栏账	5 463.00	
1405	库存商品			数量金额式		
14050101		白色办公桌		数量金额式	680 000.00	
14050102		黑色办公桌		数量金额式	657 000.00	
14050103		棕色会议桌		数量金额式	500 000.00	
14050201		普通办公椅		数量金额式	480 000.00	
14050202		高档办公椅		数量金额式	300 000.00	
1408	委托加工物资			数量金额式		
1406	委托代销商品			数量金额式		
140601		黑色办公桌		数量金额式		
140602		普通办公椅		数量金额式		
1471	存货跌价准备			三栏账		
1511	长期股权投资			三栏账		
151101		厦门凯乐装饰材料有限公司		三栏账	600 000.00	
1512	长期股权投资减值准备			三栏账		
	长期应收款					
	未实现融资收益					
1601	固定资产			三栏账	3 710 000.00	
1602	累计折旧			三栏账		396 281.92
1603	固定资产减值准备			三栏账		
1604	在建工程			三栏账		
1606	固定资产清理			三栏账		
1701	无形资产			三栏账		
1703	无形资产减值准备			三栏账		
1901	待处理财产损益			三栏账		
190101	待处理流动资产损益			三栏账		
190102	待处理固定资产损益			三栏账		
2001	短期借款			三栏账		
2201	应付票据			三栏账		
220101		福建建瓯山林木材有限公司				1 000 000.00
220102		厦门昌盛油漆有限公司				500 000.00
2202	应付账款			三栏账		

续表 2-2-1

编号	总账科目	子目	细目	账户类型	期初余额	
					借方余额	贷方余额
220201		福州宏发人造板有限公司				850 000.00
220202		厦门万事发工贸有限公司				200 000.00
2203	预收账款			三栏账		
220301		厦门东百商场股份有限公司				100 000.00
2201	应付职工薪酬			三栏账		
220101	工资			三栏账		150 000.00
220102	福利费			三栏账		300 000.00
220103	社会保险费			三栏账		30 000.00
220104	工会经费			三栏账		12 000.00
2232	应付股利			三栏账		
2221	应交税费			应交增值税明细账		
222101		应交增值税		应交增值税明细账		
22210101			进项税额	应交增值税明细账		
22210102			已交税金	应交增值税明细账		
22210103			转出未交增值税	应交增值税明细账		
22210105			销项税额	应交增值税明细账		
22210107			进项税额转出	应交增值税明细账		
22210109			转出多交增值税	应交增值税明细账		
222102		未交增值税		三栏账	200 000.00	
222103		应交营业税		三栏账		
222104		应交城建税		三栏账		
222105		应交个人所得税		三栏账		16 500.00
222106		应交所得税		三栏账		23 118.68
222107		教育费附加		三栏账		
2241	其他应付款			三栏账		
224101		经销商保证金		三栏账		20 000.00
2501	长期借款			三栏账		
4001	实收资本			三栏账		5 000 000.00
4002	资本公积			三栏账		
400201		资本溢价		三栏账		
4101	盈余公积			三栏账		
410101		法定盈余公积		三栏账		2 000 000.00

续表 2-2-1

编号	总账科目	子目	细目	账户类型	期初余额	
					借方余额	贷方余额
4103	本年利润			三栏账		
4104	利润分配			三栏账		
410401		提取法定盈余公积		三栏账		
410402		应付普通股股利		三栏账		
410403		未分配利润		三栏账		760 372.40
5001	生产成本					
500101		基本生产成本				
50010101			白色办公桌（直接材料、直接人工、制造费用）	多栏账	98 700.00	
50010102			黑色办公桌（直接材料、直接人工、制造费用）	多栏账	82 560.00	
50010103			棕色会议桌（直接材料、直接人工、制造费用）	多栏账	225 000.00	
50010104			普通办公椅（直接材料、直接人工、制造费用）	多栏账	54 500.00	
50010105			高档办公椅（直接材料、直接人工、制造费用）	多栏账	105 000.00	
500102		辅助生产成本	直接材料、直接人工、制造费用	多栏账		
5101	制造费用					
510101		木工车间	工资	多栏账		
			福利费	多栏账		
			折旧费	多栏账		
			水电费	多栏账		
			办公费	多栏账		
			机物料消耗	多栏账		
			修理费	多栏账		
			租赁费	多栏账		
			其他	多栏账		
510102		喷涂车间	同上	多栏账		
510103		装配车间	同上	多栏账		
6001	主营业务收入					
60010101		白色办公桌		三栏账		
60010102		黑色办公桌		三栏账		
60010103		棕色会议桌		三栏账		
60010201		普通办公椅		三栏账		
60010202		高档办公椅		三栏账		
6051	其他业务收入			三栏账		

续表 2-2-1

编号	总账科目	子目	细目	账户类型	期初余额	
					借方余额	贷方余额
6111	投资收益			三栏账		
6301	营业外收入			三栏账		
6401	主营业务成本			三栏账		
64010101		白色办公桌		三栏账		
64010102		黑色办公桌		三栏账		
64010103		棕色会议桌		三栏账		
64010201		普通办公椅		三栏账		
64010202		高档办公椅		三栏账		
6403	营业税金及附加			三栏账		
6402	其他业务成本			三栏账		
6601	销售费用	工资及福利费		多栏账		
		折旧		多栏账		
		手续费		多栏账		
		广告费		多栏账		
		展览费		多栏账		
		包装费		多栏账		
		运输费		多栏账		
		社会保险费				
		其他				
		工会经费				
		房租费		多栏账		
6602	管理费用	工资及福利费		多栏账		
		办公费		多栏账		
		税金		多栏账		
		折旧		多栏账		
		差旅费		多栏账		
		业务招待费		多栏账		
		审计诉讼费		多栏账		
		房租费		多栏账		
		水电费		多栏账		
		职工教育经费		多栏账		
		工会经费		多栏账		
		无形资产摊销		多栏账		
		社会保险费		多栏账		
		财产保险费		多栏账		
		其他				
6603	财务费用	手续费		三栏账		
		利息		三栏账		
6711	营业外支出			三栏账		
6801	所得税费用			三栏账		
合计					11 364 523.00	11 364 523.00

表 2-2-2

材料采购期初余额表 2007.01.01

名称	计量单位	数量	单价	金额
特种胶合板	片	20	510.00	10 200.00
白色油漆	千克	100	30.00	3 000.00
合计		120		13 200.00

原材料期初余额表 2007.01.01

名称	计量单位	数量	计划单价	金额
特种胶合板	片	200	500.00	100 000.00
普通胶合板	片	1 000	200.00	200 000.00
油漆（白色）	千克	600	28.00	16 800.00
油漆（黑色）	千克	700	32.00	22 400.00
油漆（棕色）	千克	500	35.00	17 500.00
酒精	千克	300	5.00	1 500.00
合计		3 300		358 200.00

周转材料——包装物期初余额表 2007.01.01

名称	计量单位	数量	计划单价	金额
塑料包装纸	件	400	15.00	6 000.00
工作服	件	60	60.00	3 600.00
工具	套	20	150.00	3 000.00
口罩	个	100	3.00	300.00
合计		180		6 900.00

库存商品期初余额表 2007.01.01

名称	计量单位	数量	单价	金额
白色办公桌	张	2 000	340.00	680 000.00
黑色办公桌	张	1 800	365.00	657 000.00
棕色办公桌	张	100	5 000.00	500 000.00
普通办公椅	张	4 000	120.00	480 000.00
高档办公椅	张	600	500.00	300 000.00
合计				261 700.00

生产成本期初余额表 2007.01.01

产品名称	计量单位	数量	成本项目			合计
			直接材料	直接人工	制造费用	
白色办公桌	张	300	74 400.00	10 800.00	13 500.00	98 700.00
黑色办公桌	张	240	60 960.00	9 600.00	12 000.00	82 560.00
棕色办公桌	张	50	190 000.00	15 000.00	20 000.00	225 000.00
普通办公椅	张	500	35 000.00	7 500.00	12 000.00	54 500.00
高档办公椅	张	250	94 000.00	5 000.00	6 000.00	105 000.00
合计						565 760.00

表2-2-3

固定资产折旧表

单位名称：厦门东方家具有限公司　　2007 年 1 月 31 日

固定资产编号	名称	单位	数量	所在部门	开始使用日期	可使用期限（年）	原值	残值率(%)	已计提折旧期限（月）
100001	木工设备	套	1	木工车间	2005.10	10	700000.00	5.00	15
100002	木工设备	套	1	木工车间	2005.10	10	800000.00	5.00	15
100003	木工设备	套	1	木工车间	2005.10	10	650000.00	5.00	15
100004	喷涂设备	套	1	油漆车间	2005.10	10	200000.00	5.00	15
100005	生产线	条	1	装配车间	2005.10	10	350000.00	5.00	15
100006	生产线	条	1	装配车间	2006.06	10	400000.00	5.00	7
100007	维修设备	套	1	机修车间	2005.10	10	100000.00	5.00	15
100008	维修工具	套	1	机修车间	2005.10	10	50000.00	5.00	15
100009	叉车	辆	1	物料部	2006.06	10	50000.00	5.00	7
100010	木工设备	套	1	木工车间	2007.01	10	812450.10	5.00	
200002	货车	辆	1	销售部	2006.02	12	80000.00	5.00	11
200003	轿车（伊兰	辆	1	办公室	2007.01	12	160380.00	5.00	
300001	办公设备	套	1	办公室	2005.10	5	30000.00	5.00	15
300002	办公设备	套	1	财务部	2005.10	5	30000.00	5.00	15
300003	办公设备	套	1	采购部	2005.10	5	30000.00	5.00	15
300004	办公设备	套	1	技术部	2005.10	5	30000.00	5.00	15
300005	办公设备	套	1	生产部	2005.10	5	30000.00	5.00	15
300006	打印机	台	1	办公室	2005.10	5	10000.00	5.00	15
300007	复印机	台	1	办公室	2005.10	5	20000.00	5.00	15
					2004.10				
合计					2004.10		4532830.10		

审核：王志　　编制：王平

三、财务会计实训业务内容及参考答案

1. 费用报销业务：2007年1月1日，办公室孙瑶报销办公用品2 000元，当即用现金支付。

2. 银行汇票采购业务：2007年1月1日，向福建永安华兴木材厂采购普通胶合板800片，取得增值税上注明的采购价款为164 102.56元，增值税款为27 897.44元。另外，福建永安华兴木材厂代垫运费8 000元，相关发票已收到。款项当即用上月开具的银行汇票支付，但货物尚未运达。

3. 承兑汇票贴现业务：2007年1月1日，将厦门华联商厦股份有限公司开具的银行承兑汇票贴现。该汇票出票日期为2005年12月26日，到期日为2007年3月26日，票面金额为1 000 000.00元，票面利率为零，贴现利率为3%。贴现款当日存入银行。

4. 预收款销售业务：2007年1月2日，销售给厦门东百商场股份有限公司白色办公桌500张，含税单价为500元/张，普通办公椅500把，含税单价为170元/把，余款尚未收回。发票当日开出。

开票资料：

单位名称：厦门东百商场股份有限公司。

税号：350216564001342。

地址、电话：厦门湖滨路98号，2541201。

开户行及账号：工行湖滨分行，9558854646465513。

5. 物资采购业务：2007年1月2日，收到上月采购的特种胶合板20片，其中两片在运输途中损坏，经协商，由福州开发区运输公司全额赔偿(赔偿额为1 193.40元)，其余18片办理入库。

6. 存出投资款业务：2007年1月2日，转300 000.00元到厦门华翔证券公司以备投资。

7. 应收账款业务：2007年1月3日，收到厦门禾山电子有限公司所欠货款100 000.00元。

8. 生产领料业务：2007年1月3日，木工车间领用普通胶合板1000片用于生产办公桌(白色、黑色各一半)，领用特种胶合板150片用于生产会议桌。

9. 采购收货业务：2007年1月3日，福建永安华兴木材厂采购的木板到货，发现800片板材只有700片合格，另100片不合格，当即与其取得联系，对方同意按原价退货，退货运费由华兴公司承担。

10. 证券投资业务：2007年1月4日，购买股票“火炬科技”10 000股，成交价格为每股15元，另支付4‰的印花税、3.5‰的佣金、1‰的过户费。该股票已于2007年1月1日宣告每10股发放现金股利1元(税后)，股权登记日为1月8日，股利发放日为1月10日。

11. 现金销售业务：2007年1月4日，厦门国际会展有限公司向公司购买棕色会议桌50张，每张含税单价为8 000元，购买高档办公椅400把，每把含税单价为800元，价款合计为720 000.00元，收到对方开具的转账支票，当日办理托收入账。货当日发出，发票当日开具。

开票资料：

单位名称：厦门国际会展有限公司。

税号：350201326547801。

地址、电话：厦门会展路1号，6544601。

开户行及账号：中行会展支行，9556600100789024。

12. 采购退货业务：2007年1月5日，办理《企业进货退出及索取折让证明单》，交华兴公司开具红字发票，并收到对方的发票。

13. 赔款业务：2007年1月5日，收到福州开发区运输公司的赔款1 193.40元，当即开具收款收据。

14. 广告费业务：2007年1月5日，在《厦门日报》刊登广告，费用10 000.00元，当即开具转账支票支付。

15. 采购业务：2007年1月6日，向厦门昌盛油漆有限公司采购油漆，其中白色油漆1 000千克，含税单价31元/千克；黑色油漆800千克，含税单价36元/千克；棕色油漆500千克，含税单价38元/千克。油漆已办理入库，发票已收到，但款未付。

16. 发放工资业务：2007年1月6日，用转账支票支付上月的工资150 000.00元。

17. 借款业务：2007年1月6日，木工车间吴桐因工负伤，办公室孙瑶代借医药费3 000.00元。

18. 生产领料业务：2007年1月7日，油漆车间领用油漆，其中白色油漆800千克、黑色油漆600千克、棕色油漆300千克。白色油漆和黑色油漆用于生产办公桌，棕色油漆用于生产会议桌。

19. 生产领料业务：2007年1月7日，机修车间领用酒精50千克，用于搽洗机台；装配车间领用酒精100千克，搽洗产品。

20. 银行提现业务：2007年1月7日，开具现金支票，到银行提取备用金10 000.00元。

21. 业务招待费业务：2007年1月7日，销售部经理许飞报销业务招待费3 500元，用现金付讫。

22. 银行承兑汇票业务：2007年1月8日，2005年10月8日开给福建建瓯山林木材有限公司的银行承兑汇票1 000 000.00元到期，当日用银行存款支付。

23. 差旅费报销业务：2007年1月8日，郑凡报销差旅费（出差武汉），具体费用如下：来回飞机票1 800元，住宿费1 000元，市内交通费348元，其他费用85元。出差时间为2007年1月2日～2007年1月6日共5天，郑凡出差每天补助100元。郑凡出差借款5 000元，余款用现金交回。

24. 承兑汇票背书业务：2007年1月8日，将厦门张氏家私有限公司开具的银行承兑汇票500 000.00元背书给福州宏发人造板有限公司以偿还欠款。

25. 生产领料业务：2007年1月9日，木工车间领用普通胶合板500片用于生产普通办公椅，领用特种胶合板60片用于生产高档办公椅。

26. 展览费业务：2007年1月9日，销售部报销“厦门国际家具节”展位费用50 000.00元，该展览由厦门飞腾展览服务有限公司代理，收到其开具的服务业发票，款项用转账支票支付。该展览于2007年1月15日～2007年1月22日举行。

27. 固定资产修理业务：2007年1月9日，木工车间一台木工设备出现故障，请维修商厦门大霸机械有限公司维修，维修费15 000元，用转账支票支付。

28. 应收股利业务：2007年1月10日，收到“火炬科技”分派的现金股利1 000.00元，存入证券保证金账户。

29. 采购业务：2007年1月10日，向福州宏发人造板有限公司采购的货物已经到货。其中特种胶合板 1 000 片，含税单价 580 元/片；普通胶合板 3 000 片，含税单价 230 元/片；另由其代垫运费 100 000.00 元，其中运费 80 000 元，装卸费 15 000.00 元，保险费 5 000.00 元。当即办理入库，并收到增值税发票和运费发票，款未付。

30. 纳税业务：2007 年 1 月 10 日，缴交上月的各项税金。其中代交个人所得税 16 500.00 元，交社会保险费 30 000.00 元，交企业所得税 23 118.68 元。

31. 租赁费业务：2007 年 1 月 11 日，收到厦门兴山物业有限公司的房屋租赁费发票，标注 2007 年 1 月～2007 年 3 月的房租费共 450 000.00 元，当即用银行存款支付。

32. 委托代销业务：2007 年 1 月 11 日，发出黑色办公桌 1 500 张、普通办公椅 1 500 把到广东潮州华美家具城有限公司，委托其代销。委托代销合同规定：华美家具城按公司确定的价格销售，其中办公桌销售单价为 550 元/张，普通办公椅销售单价为 210 元/把；公司每月 28 日与华美家具城结算一次，并按 5%支付代销手续费，由华美家具城在付款时直接扣除。

开票资料：

单位名称：广东潮州华美家具城有限公司。

税号：478036421000452。

地址电话：潮州中山路 9 号，7012465。

开户行及账号：工行中山分理处，955880321045780。

33. 领用包装材料业务：2007 年 1 月 11 日，领用塑料包装纸 350 件，用于包装发送至华美家具城的办公桌椅。

34. 运输费业务：2007 年 1 月 12 日，转账支付厦门白鹭运输有限公司运送办公桌、椅至潮州华美家具城的运费 50 000.00 元，收到运费发票。

35. 生产入库业务：2007 年 1 月 12 日，装配车间办理入库手续。其中白色办公桌 348 张，黑色办公桌 240 张，棕色会议桌 45 张，普通办公椅 760 把，高档办公椅 120 把。

36. 医药费报销业务：2007 年 1 月 13 日，孙瑶报销木工车间吴桐因功受伤医药费 3 945.20元，冲减前期借款，余款用现金支付。

37. 应收账款业务：2007 年 1 月 13 日，收到厦门唐门家具有限公司的货款 400 000.00 元。

38. 委托收款销售业务：2007 年 1 月 14 日，销售广州超越家具有限公司白色办公桌1 200 张，单价 528 元/张；普通办公椅 1 200 把，单价 198 元/把。货当日发出，另代垫运费55 000元，用转账支票支付。货款采用委托收款方式结算，当日开具发票并办妥托收手续，托收手续费为 50 元，其中邮电费 25 元，手续费 25 元。

开票资料：

单位名称：广州超越家具有限公司。

税号：467901266440453。

地址、电话：广州市天河开发区，52016405。

开户行及账号：工行天河支行，95588654687244510。

39. 银行承兑汇票业务：2007 年 1 月 14 日，向中行申请开具银行承兑汇票 1 000 000.00 元，付福州宏发人造板有限公司货款。与中行签订的银行承兑汇票协议上注明保证金比例为 30%，期限为 3 个月。当日用银行存款支付保证金及手续费，并收到银行签发的银行承兑汇票邮寄给福州宏发人造板有限公司。

40. 低值易耗品采购业务：2007 年 1 月 15 日，向厦门大利劳保商店购买口罩 1 000 个，单价3元/个，收到普通发票，款项用转账支票支付。

41. 低值易耗品领用业务：2007年1月15日，每人发放一套工作服（办公室5套、财务部4套、采购部2套、销售部4套、研发部3套、生产部2套、物料部3套、木工车间6套、油漆车间3套、装配车间6套、机修车间3套）。木工车间和油漆车间各领用口罩100个。

42. 银行贷款业务：2007年1月16日，当日与中行签订贷款合同，向中行借款100万元，期限为2年，年利率6.03%，利息按季支付，款项当日到账。

43. 固定资产报废业务：2007年1月16日，公司轿车被盗，经平安保险公司确认赔偿80 000.00元。

44. 生产领料业务：2007年1月16日，木工车间领用特种胶合板600片用于生产会议桌，400片用于生产高档办公椅；领用普通胶合板2 500片，其中各1 000片用于生产黑色和白色办公桌，500片用于生产普通办公椅。

45. 银行汇票业务：2007年1月17日，申请开具银行汇票80万元，用于向福建南平富闽机械有限公司（开户行：工行南平支行；账号：955885760013210）购买木工设备。

46. 证券投资业务：2007年1月17日，以每股17.25元的价格出售购入的"火炬科技"5 000股，支付4‰的印花税，3.5‰的佣金，1‰的过户费。

47. 职工培训费业务：2007年1月17日，请厦门大鹏咨询有限公司培训师为员工进行执行能力的培训，培训费5 000.00元，用转账支票支付。

48. 委托收款业务：2007年1月18日，收到广州超越家具有限公司的货款。

49. 罚款业务：2007年1月18日，因公司未按规定缴纳排污费，被厦门市环保局处以3 000元罚款（收款单位：厦门金库）。

50. 采购业务：2007年1月18日，向漳州南方化工有限公司购买酒精1 000千克，取得增值税发票上注明的买价为5 200.00元，增值税884.00元，货已入库，款项用电汇支付。

51. 待处理财产损益业务：2007年1月19日，上月采购的白色油漆至今尚未收到，经确认，为货物托运公司在运输过程中丢失，现尚未与供应商和货物托运公司达成一致意见，固暂时确认为待处理财产损益。

52. 现金折扣销售业务：2007年1月19日，向厦门湖里家具城有限公司销售白色办公桌600张，含税单价为510元/张；销售普通办公椅600把，含税单价为225元/把，货物当日发出，并开具增值税发票。公司与其达成的付款条件为2/10，1/20，n/30。

开票资料：

单位名称：厦门湖里家具城有限公司。

税号：35020645×310145。

地址、电话：厦门湖里龙昌路8号，6032015。

开户行及账号：兴行龙昌支行，95561002314508710。

53. 工会费业务：2007年1月19日，用《工会专用缴款书》向工会支付前欠会费12 000.00元。根据有关规定，上述会费60%支付给本公司工会委员会（厦门东方家具有限公司工会委员会，开户行：中行厦门分行营业部，账号：9556600100454879），其余40%上交区工会（厦门湖里区工会委员会，开户行：工行大唐支行，账号：9558864461031014）。

54. 对外捐赠业务：2007年1月20日，向红十字会捐款100 000.00元。

55. 在建工程业务：2007年1月20日，向福建南平富闽机械有限公司购入木工设备，已运达，该设备尚需要安装。收到发票上注明的金额为740 000.00元，富闽公司代垫运费

40 000.00元。

56. 固定资产业务:2007 年 1 月 21 日,向厦门现代汽车销售有限公司购买伊兰特轿车 1 辆,价格 145 800.00 元(含代收的牌照费等),另销售公司代收车辆购置税 14 580.00 元,当日验收投入使用。款项用转账支票支付。

57. 利息业务:2007 年 1 月 21 日,收到银行存款利息 3 451.68 元。

58. 在建工程业务:2007 年 1 月 21 日,向厦门大力安装服务有限公司支付木工设备安装费 30 000.00 元。

59. 保险费业务:2007 年 1 月月 22 日,向中国人民保险公司厦门分公司为新购的轿车投保,投保期限为一年,保险费为 4 800.00 元,款项用转账支票支付。

60. 在建工程业务:2007 年 1 月 22 日,安装木工设备过程中,领用普通胶合板 10 片试产

61. 生产入库业务:2007 年 1 月 22 日,装配车间办理成品入库,其中白色办公桌 400 张,黑色办公桌 450 张,棕色会议桌 50 张,普通办公椅 800 把,高档办公椅 510 把。

62. 现金销售业务:2007 年 1 月 23 日,厦门永裕电子有限公司向公司购买棕色会议桌 2 张,含税单价 8 500 元/张;高档办公椅 20 把,含税单价 860 元/把。收到对方的转账支票,当即填制进账单到对方开户行办理银行转账,款已收妥;同时开具增值税发票。

开票资料:

单位名称:厦门永裕电子有限公司。

税号:350206764134901。

地址、电话:厦门华昌路 15 号,6054702。

开户行及账号:中行华昌支行,9556646443101404。

63. 电话费业务:2007 年 1 月 23 日,收到银行转来的委托收款凭证(付款通知)及电信发票,缴交本月的电话费共 3 641.20元。

64. 保险赔款业务:2007 年 1 月 23 日,收到平安保险厦门分公司的轿车赔款 80 000.00 元。

65. 采购退款业务:2007 年 1 月 24 日,收到福建永安华兴木材厂退货款 24 000.00 元。

66. 2007 年 1 月 24 日,向厦门张氏家私有限公司销售棕色会议桌 100 张,含税单价 7 980.00 元/张;销售高档办公椅 800 把,含税单价 805.00 元/把,货当日发出。合同规定,货款采用分期收款方式结算,发货当日结算 30%,其余分两期结算(即 2008 年 1月 24 日、2009 年1月 2日结算)。但货款尚未收到。在现销方式下,该办公桌、椅的销售价格为 1 000 000.00 元(不含税,其中棕色会议桌不含税价款为 600 000.00 元,高档办公椅不含税价款为 400 000.00 元)。该企业在发出商品时就全部销售款开具了发票。

开票资料:

单位名称:厦门张氏家私有限公司。

税号:3502640164970140。

地址、电话:厦门世贸商城,2305680。

开户行及账号:交行世贸支行,955990311640015。

67. 生产领料业务:2007 年 1 月 24 日,油漆车间领用油漆,其中白色油漆 600 千克用于生产白色办公桌;黑色油漆 800 千克,400 千克用于生产黑色办公桌,300 千克用于生产普通办公椅,100 千克用于生产高档办公椅;棕色油漆 300 千克用于生产会议桌。

68. 水、电费业务:2007 年 1 月 25 日,收到银行转来的委托收款(付款通知)及水务公司的

增值税发票。本月用水 16 000 吨,其中木工车间 2 000 吨、油漆车间 4 000 吨、装配车间 2 000 吨、机修车间 2 000 吨、其他管理部门 6 000 吨。水费价税合计为 41 600.00 元,按部门用水量分配水、电费。

69. 水、电费业务:2007 年 1 月 25 日,收到银行转来的委托收款(付款通知)及电力公司的增值税发票。本月用电 150 000 度,每度电价 0.45 元,电费合计 67 500.00 元。其中木工车间耗用 50 000 度、油漆车间耗用 10 000 度、装配车间耗用 20 000 度、机修车间耗用 30 000 度,其他管理部门耗用 40 000 度。

70. 其他业务收入:2007 年 1 月 25 日,将本公司的货车出租给厦门华联商厦股份有限公司提供送货上门业务,本月应收的租金为 15 000.00 元,款项当日收到,并开具服务业发票。

71. 印花税业务:2007 年 1 月 26 日,陆梅购买本月需要的相关印花税税票,共 150.40 元,用现金支付。

72. 销售退货业务:2007 年 1 月 26 日,厦门永裕电子有限公司购买的 1 张棕色会议桌和 10 把高档办公椅因质量问题退货。对方将原开具的发票退回予以作废,同时按剩余数量开具发票。退货款用转账支票支付。

73. 罚款业务:2007 年 1 月 26 日,因质检员刘杰在产品入库检验过程中把关不严,罚款 200.00 元,刘杰当日用现金交讫。

74. 现金折扣销售业务:2007 年 1 月 27 日,收到厦门湖里家具城有限公司的货款,对方享受现金折扣(只有货款享受现金折扣,税金不享受现金折扣)。

75. 无形资产采购业务:2007 年 1 月 27 日,销售部许飞负责向厦门网源软件有限公司采购的 CRM(客户管理系统)经调试正式投入使用,该软件采购价格为 10 000.00 元,收到对方开具的发票。款项已经支付,挂许飞个人借款,现冲销。

76. 委托代销业务:2007 年 1 月 28 日,收到广东潮州华美家具城有限公司传来的代销清单,华美家具本月共销售黑色办公桌和普通办公椅各 480 张,经确认无误。当日开具增值税专用发票,并确认手续费(假设收到对方开具的手续费发票)。收到对方的电汇单传真件,但货款尚在途中。

77. 银行汇票业务:2007 年 1 月 28 日,收到福建南平富闽机械有限公司退回的银行汇票结余款 20 000.00 元。

78. 费用报销业务:2007 年 1 月 28 日,请厦门信诺会计师事务所有限公司对公司 2005 年度的会计报表进行审计,审计费用为 5 000.00 元,当日用转账支票支付。

79. 生产入库业务:2007 年 1 月 29 日,装配车间办理产、成品入库,其中白色办公桌 500 张,黑色办公桌 400 张,棕色会议桌 30 张,普通办公椅 700 把,高档办公椅 60 把。

80. 预付账款业务:2007 年 1 月 29 日,预付深圳龙兴贸易有限公司货款 400 000.00 元,委托其进口高档板材。深圳龙兴贸易有限公司开户行:深发展南山支行,账号:200654701364139。

81. 福利费业务:2007 年 1 月 29 日,向厦门沃尔玛百货有限公司购买洗衣粉、毛巾、肥皂、洗发水及沐浴露等福利用品发放给职工,共 4 650.00 元,款项当日用转账支票支付。

82. 财产盘点业务:2007 年 1 月 30 日,对原材料、低值易耗品、包装物、库存商品盘点,除发现低值易耗品工具丢失 1 把外,其余均账实相符。

83. 财产盘点业务:2007 年 1 月 31 日,经确认,丢失的工具为木工车间陈棋保管不善造成,由陈棋个人赔偿 175.50 元,当日用现金收讫。

84. 工资业务：2007年1月31日，计算本月工资。

应发工资＝基本工资＋岗位工资＋津贴＋交通费补贴＋通讯费补贴＋奖金－考勤扣款

社保费＝应发工资－11%应发工资（其中基本养老保险个人承担8%、医疗保险个人承担2%、失业保险个人承担1%）

应税工资＝应发工资－社保费

应交个人所得税＝（应税工资－1 600）×税率－速算扣除数（税率和速算扣除数按税法相关规定）

85. 福利费等业务：按应发工资数的14%计提福利费，按2%计提工会费。

86. 社保费业务：按应发工资为基数计提公司应承担的社保费（其中基本养老保险公司承担14%、医疗保险公司承担8%、失业保险公司承担2%、工伤保险公司承担1%、生育保险公司承担0.8%）。

87. 分摊材料成本差异：分摊本月材料成本差异。

88. 在建工程业务：2007年1月31日，木工设备安装调试完成，当日办理验收手续并投入使用。

89. 待摊费用摊销：摊销本月待摊费用。

90. 无形资产摊销：摊销本月无形资产。

91. 计提折旧：计提本月折旧。

92. 成本业务：根据生产工时，分配辅助生产成本费用。

93. 成本业务：根据生产工时，分配制造费用业务。

94. 成本业务：根据约当产量法计算本月生产成本。

根据盘点，1月31日车间在产品的数量如下：白色办公桌500张，黑色办公桌400张，棕色会议桌35张，普通办公椅300把，高档办公椅100把。这些产品原材料投入及完工程度约为50%。

95. 成本业务：结转本月库存商品发出成本计算表。

96. 成本业务：结转分期收款销售及委托代销本月应结转的销售成本。

97. 银行对账业务：根据银行对账单，编制银行存款余额调节表。

98. 现金盘点业务：假定1月31日，王志要求陆梅对孙朋当日结存的现金进行盘点，编制盘点表。

库存现金的实际情况如下：100元70张、10元4张、5元1张、1元1张、5角1张、1角4张。

99. 往来对账业务：编制应收账款、应付账款对账单。

100. 利息业务：计提本月借款利息。

101. 纳税业务：计算本月应交增值税及应交营业税，计算应交的城市维护建设税、教育费附加并进行账务处理。

102. 账项调整：将本月损益结转至本年利润账户。

103. 登记账簿及进行月结。

104. 登记科目汇总表。

105. 登记总账。

106. 编制会计报表：资产负债表、损益表及现金流量表及报表附注。

107. 编制纳税申报表：增值税纳税申报表、所得税纳税申报表。

附:参考答案。记账凭证清单 1～3 如表 2-3-1～表 2-3-3 所示。

表 2-3-1　　记账凭证清单 1

日期	凭证号	摘要	科目	借方金额	贷方金额
1	付 1	孙瑶报销办公用品	管理费用—办公费	2 000.00	
			库存现金		2 000.00
1	转 1	购永安华兴胶合板 800 片,货未到	材料采购—普通胶合板	171 542.56	
			应交税费—应交增值税(进项税额)	28 457.44	
			其他货币资金—银行汇票存款		200 000.00
1	收 1	银行承兑汇票贴现	银行存款	993 000.00	
			财务费用—利息	7 000.00	
			应收票据—厦门华联商厦股份有限公司		1 000 000.00
2	转 2	售厦门东百办公桌及办公椅	预收账款—厦门东百商场股份有限公司	335 000.00	
			主营业务收入—白色办公桌		213 675.21
			主营业务收入—普通办公椅		72 649.57
			应交税费—应交增值税(销项税额)		48 675.22
2	转 3	在途材料入库	原材料—特种胶合板	9 000.00	
			材料成本差异	180.00	
			材料采购—特种胶合板		9 180.00
2	转 4	其他应收款	其他应收款—福州开发区运输公司	1 193.40	
			材料采购—特种胶合板		1 020.00
			应交税费—应交增值税(进项税额转出)		173.40
2	付 2	转投资款	其他货币资金—存出投资款	300 000.00	
			银行存款		300 000.00
3	收 2	收厦门禾山款	银行存款	100 000.00	
			应收账款—厦门禾山电子有限公司		100 000.00
3	转 5	生产领料	生产成本—基本生产成本—白色办公桌—直接材料	100 000.00	
			生产成本—基本生产成本—黑色办公桌—直接材料	100 000.00	
			生产成本—基本生产成本—棕色会议桌—直接材料	75 000.00	
			原材料—特种胶合板		75 000.00
			原材料—普通胶合板		200 000.00
3	转 6	收华兴板材 700 片	原材料—普通胶合板	140 000.00	
			材料成本差异	11 029.74	
			材料采购—普通胶合板		151 029.74

续表 2-3-1

日期	凭证号	摘要	科目	借方金额	贷方金额
4	转 7	购“火炬科技”10 000 股	可供出售金融资产—成本	150 275.00	
			应收股利	1 000.00	
			其他货币资金—存出投资款		151 275.00
4	收 3	售厦门会展桌椅	银行存款	720 000.00	
			主营业务收入—棕色会议桌		341 880.34
			主营业务收入—高档办公椅		273 504.27
			应交税费—应交增值税(销项税额)		104 615.39
5	转 8	退永安华兴胶合板 100 片	材料采购—普通胶合板	−20 512.82	
			应交税费—应交增值税(进项税额)	−3 487.18	
			应付账款—福建永安华兴木材厂		−24 000.00
5	收 4	收赔款	银行存款	1 193.40	
			其他应收款—福州开发区运输公司		1 193.40
5	付 3	付广告费	销售费用—广告费	10 000.00	
			银行存款		10 000.00
6	转 9	购昌盛油漆	原材料—白色油漆	28 000.00	
			原材料—黑色油漆	25 600.00	
			原材料—棕色油漆	17 500.00	
			应交税费—应交增值税(进项税额)	11 449.57	
			应付账款—厦门昌盛油漆有限公司		78 800.00
			材料成本差异		3 749.57
6	付 4	付上月工资	应付职工薪酬—工资	150 000.00	
			银行存款		150 000.00
7	付 5	孙瑶借医药费	其他应收款—孙瑶	3 000.00	
			库存现金		3 000.00
7	转 10	生产领用油漆	生产成本—基本生产成本—白色办公桌—直接材料	22 400.00	
			生产成本—基本生产成本—黑色办公桌—直接材料	19 200.00	
			生产成本—基本生产成本—棕色会议桌—直接材料	10 500.00	
			原材料—白色油漆		22 400.00
			原材料—黑色油漆		19 200.00
			原材料—棕色油漆		10 500.00
7	转 11	领酒精	生产成本—辅助生产成本—直接材料	250.00	
			制造费用—装配车间(机物料消耗)	500.00	
			原材料—酒精		750.00
7	付 6	提现	库存现金	10 000.00	

续表 2-3-1

日期	凭证号	摘要	科目	借方金额	贷方金额
			银行存款		10 000.00
7	付 7	许飞报销业务招待费	管理费用—业务招待费	3 500.00	
			库存现金		3 500.00
8	付 8	付建瓯山林承兑款	应付票据—福建建瓯山林木材有限公司	1 000 000.00	
			银行存款		1 000 000.00
8	收 5	郑凡报销差旅费	管理费用—差旅费	3 733.00	
			库存现金	1 267.00	
			其他应收款—郑凡		5 000.00
8	转 12	承兑汇票背书	应付账款—福州宏发人造板有限公司	500 000.00	
			应收票据—厦门张氏家私有限公司		500 000.00
9	转 13	领料	生产成本—基本生产成本—普通办公椅—直接材料	100 000.00	
			生产成本—基本生产成本—高档办公椅—直接材料	30 000.00	
			原材料—普通胶合板		100 000.00
			原材料—特种胶合板		30 000.00
9	付 9	付展览费	销售费用—展览费	50 000.00	
			银行存款		50 000.00
9	付 10	付维修费	制造费用—木工车间(维修费)	15 000.00	
			银行存款		15 000.00
10	转 14	收“火炬科技”现金股利	其他货币资金—存出投资款	1 000.00	
			应收股利		1 000.00
10	转 15	购宏发胶合板	原材料—特种胶合板	500 000.00	
			原材料—普通胶合板	600 000.00	
			应交税费—应交增值税(进项税额)	190 129.91	
			材料成本差异	79 870.09	
			应付账款—福州宏发人造板有限公司		1 370 000.00
10	付 11	缴税费	应交税费—应交个人所得税	16 500.00	
			应交税费—应交所得税	23 118.68	
			应付职工薪酬—社会保险费	30 000.00	
			银行存款		69 618.68
11	付 12	付房租费	制造费用—木工车间(房租费)	90 000.00	
			制造费用—油漆车间(房租费)	60 000.00	
			制造费用—装配车间(房租费)	60 000.00	
			销售费用—房租费	15 000.00	
			管理费用—房租费	225 000.00	
			银行存款		450 000.00

续表 2-3-1

日期	凭证号	摘要	科目	借方金额	贷方金额
11	转 16	销售领塑料包装纸	销售费用—包装费	5 250.00	
			周转材料—包装物(塑料包装纸)		5 250.00
12	付 13	付运输费	销售费用—运输费	46 850.00	
			应交税费—应交增值税(进项税额)	3 150.00	
			银行存款		50 000.00
13	付 14	付吴桐医药费	应付职工薪酬—职工福利费	945.20	
			库存现金		945.20
13	转 17	报销吴桐医药费	应付职工薪酬—职工福利费	3 000.00	
			其他应收款—孙瑶		3 000.00
13	收 6	收厦门唐门款	应收账款—厦门唐门家具有限公司		400 000.00
			银行存款	400 000.00	
14	付 15	代广州超越付运输费	应收账款—广州超越家具有限公司	55 000.00	
			银行存款		55 000.00
14	转 18	售广州超越办公桌椅	应收账款—广州超越家具有限公司	871 200.00	
			主营业务收入—白色办公桌		541 538.46
			主营业务收入—普通办公椅		203 076.92
			应交税费—应交增值税(销项税额)		126 584.62
14	付 16	委托收款手续费	财务费用—手续费	50.00	
			银行存款		50.00
14	付 17	转承兑保证金	其他货币资金—保证金存款	300 000.00	
			银行存款		300 000.00
14	付 18	付承兑手续费	财务费用—手续费	1 000.00	
			银行存款		1 000.00
14	转 19	付福州宏发款(承兑)	应付账款—福州宏发人造板有限公司	1 000 000.00	
			应付票据—福州宏发人造板有限公司		1 000 000.00
15	付 19	购口罩	周转材料—低值易耗品(口罩)	3 000.00	
			银行存款		3 000.00
15	转 20	领工作服及口罩	管理费用—其他	1 140.00	
			销售费用—其他	240.00	
			制造费用—木工车间(其他)	660.00	
			制造费用—油漆车间(其他)	480.00	
			制造费用—装配车间(其他)	360.00	
			生产成本—辅助生产成本—制造费用	180.00	
			周转材料—低值易耗品(工作服)		2 460.00
			周转材料—低值易耗品(口罩)		600.00

表 2-3-2 记账凭证清单 2

日期	凭证号	摘要	科目	借方金额	贷方金额
16	收 7	向中行借款	银行存款	1 000 000.00	
			长期借款		1 000 000.00
16	转 21	计提轿车折旧	管理费用—折旧费	989.58	
			累计折旧		989.58
16	转 22	轿车被盗	固定资产清理	135 156.30	
			累计折旧	14 843.70	
			固定资产		150 000.00
16	转 23	平安保险赔偿款	其他应收款—平安保险公司	80 000.00	
			固定资产清理		80 000.00
16	转 24	结转固定资产清理	营业外支出	55 156.30	
			固定资产清理		55 156.30
16	转 25	生产领料	生产成本—基本生产成本—白色办公桌—直接材料	200 000.00	
			生产成本—基本生产成本—黑色办公桌—直接材料	200 000.00	
			生产成本—基本生产成本—棕色会议桌—直接材料	300 000.00	
			生产成本—基本生产成本—高档办公椅—直接材料	200 000.00	
			生产成本—基本生产成本—普通办公椅—直接材料	100 000.00	
			原材料—普通胶合板		500 000.00
			原材料—特种胶合板		500 000.00
17	付 20	开银行汇票	其他货币资金—银行汇票存款	800 000.00	
			银行存款		800 000.00
17	转 26	售“火炬科技”5 000股	其他货币资金—存出投资款	84 277.50	
			可供出售金融资产—成本		75 137.50
			投资收益		9 140.00
17	付 21	付培训费	管理费用—职工教育费	5 000.00	
			银行存款		5 000.00
18	收 8	收广州超越款	银行存款	926 200.00	
			应收账款—广州超越家具有限公司		926 200.00
18	付 22	缴排污费罚款	营业外支出	3 000.00	
			银行存款		3 000.00
18	付 23	购酒精	原材料—酒精	5 000.00	
			材料成本差异	200.00	
			应交税费—应交增值税（进项税额）	884.00	
			银行存款		6 084.00

续表 2-3-2

日期	凭证号	摘要	科目	借方金额	贷方金额
19	转 27	在途油漆丢失	待处理财产损益—待处理流动资产损益	3 510.00	
			材料采购—白色油漆		3 000.00
			应交税费—应交增值税(进项税额转出)		510.00
19	转 28	售湖里家具城办公桌、椅	应收账款—厦门湖里家具城有限公司	441 000.00	
			主营业务收入—白色办公桌		261 538.46
			主营业务收入—普通办公椅		115 384.62
			应交税费—应交增值税(销项税额)		64 076.92
19	付 24	缴工会费	应付职工薪酬—工会经费	12 000.00	
			银行存款		12 000.00
20	付 25	向红十字会捐款	营业外支出	100 000.00	
			银行存款		100 000.00
20	转 29	购木工设备	在建工程	780 000.00	
			其他货币资金—银行汇票存款		780 000.00
21	付 26	购伊兰特轿车	固定资产	160 380.00	
			银行存款		160 380.00
21	收 9	收利息	财务费用—利息		3 451.68
			银行存款	3 451.68	
21	付 27	支付安装费	在建工程	30 000.00	
			银行存款		30 000.00
22	付 28	付保险费	管理费用—财产保险费	4 800.00	
			银行存款		4 800.00
22	转 30	领普通胶合板试产	在建工程	2 340.00	
			原材料—普通胶合板		2 000.00
			应交税费—应交增值税(进项税额转出)		340.00
23	收 10	售永裕会议桌、椅	银行存款	34 200.00	
			主营业务收入—棕色会议桌		14 529.91
			主营业务收入—高档办公椅		14 700.85
			应交税费—应交增值税(销项税额)		4 969.24
23	付 29	付电话费	管理费用—办公费	3 641.20	
			银行存款		3 641.20
23	收 11	收保险赔款	银行存款	80 000.00	
			其他应收款—平安保险公司		80 000.00
24	收 12	收永安华兴退货款	银行存款	24 000.00	
			应付账款—福建永安华兴木材厂		24 000.00
24	转 31	售张氏家私会议桌、椅	长期应收款—厦门张氏家私有限公司	1 232 478.64	

续表 2-3-2

日期	凭证号	摘要	科目	借方金额	贷方金额
			应收账款—厦门张氏家私有限公司	209 521.36	
			主营业务收入—棕色会议桌		600 000.00
			主营业务收入—高档办公椅		400 000.00
			应交税费—应交增值税(销项税额)		209 521.36
			未实现融资收益		232 478.64
24	转 32	生产领油漆	生产成本—基本生产成本—白色办公桌—直接材料	16 800.00	
			生产成本—基本生产成本—黑色办公桌—直接材料	12 800.00	
			生产成本—基本生产成本—棕色会议桌—直接材料	10 500.00	
			生产成本—基本生产成本—普通办公椅—直接材料	9 600.00	
			生产成本—基本生产成本—高档办公椅—直接材料	3 200.00	
			原材料—白色油漆		16 800.00
			原材料—黑色油漆		25 600.00
			原材料—棕色油漆		10 500.00
25	付 30	付水费	制造费用—油漆车间(水、电费)	9 811.32	
			制造费用—木工车间(水、电费)	4 905.66	
			制造费用—装配车间(水、电费)	4 905.66	
			生产成本—辅助生产成本(制造费用)	4 905.66	
			管理费用—水电费	14 716.98	
			应交税费—应交增值税(进项税额)	2 354.72	
			银行存款		41 600.00
25	付 31	付电费	制造费用—油漆车间(水、电费)	3 846.15	
			制造费用—木工车间(水、电费)	19 230.77	
			制造费用—装配车间(水、电费)	7 692.31	
			生产成本—辅助生产成本(制造费用)	11 538.46	
			管理费用—水电费	15 384.62	
			应交税费—应交增值税(进项税额)	9 807.69	
			银行存款		67 500.00
25	收 13	汽车租金收入	银行存款	15 000.00	
			其他业务收入		15 000.00
26	付 32	购印花税票	管理费用—税金	150.40	
			库存现金		150.40
26	付 33	永裕退货	主营业务收入—棕色会议桌	7 264.96	
			主营业务收入—高档办公椅	7 350.43	
			应交税费—应交增值税(销项税额)	2 484.61	
			银行存款		17 100.00

续表 2-3-2

日期	凭证号	摘要	科目	借方金额	贷方金额
26	收 14	收刘杰罚款	库存现金	200.00	
			营业外收入		200.00
27	收 15	收湖里家具城款	银行存款	433 461.54	
			财务费用—利息	7 538.46	
			应收账款—厦门湖里家具城有限公司		441 000.00
27	转 33	购 CRM 软件	无形资产—CRM 软件	10 000.00	
			其他应收款—许飞		10 000.00
28	转 34	广东华美代销办公桌、椅	应收账款—广东潮州华美家具城有限公司	346 560.00	
			销售费用—手续费	18 240.00	
			主营业务收入—黑色办公桌		225 641.03
			主营业务收入—普通办公椅		86 153.85
			应交税费—应交增值税(销项税额)		53 005.12
28	收 16	收回银行汇票余款	银行存款	20 000.00	
			其他货币资金—银行汇票存款		20 000.00
28	付 34	付审计费	管理费用—审计诉讼费	5 000.00	
			银行存款		5 000.00
29	付 35	预付深圳龙兴款	预付账款—深圳龙兴贸易有限公司	400 000.00	
			银行存款		400 000.00
29	付 36	购福利用品	应付职工薪酬—职工福利费	4 650.00	
			银行存款		4 650.00
30	转 35	盘亏工具 1 台	待处理财产损益—待处理流动资产损益	175.50	
			周转材料—低值易耗品(工具)		150.00
			应交税费—应交增值税(进项税额转出)		25.50
31	收 17	收陈棋赔款	库存现金	175.50	
			待处理财产损益—待处理流动资产损益		175.50
31	转 36	计提本月工资	管理费用—工资及福利费	58 550.00	
			销售费用—工资及福利费	14 300.00	
			生产成本—辅助生产成本(直接人工)	5 800.00	
			制造费用—木工车间(工资及福利费)	3 200.00	
			制造费用—油漆车间(工资及福利费)	3 050.00	
			制造费用—装配车间(工资及福利费)	2 550.00	
			生产成本—基本生产成本—白色办公桌—直接人工	2 639.71	
			生产成本—基本生产成本—黑色办公桌—直接人工	4 184.42	
			生产成本—基本生产成本—棕色会议桌—直接人工	4 787.44	

续表 2-3-2

日期	凭证号	摘要	科目	借方金额	贷方金额
			生产成本—基本生产成本—普通办公椅—直接人工	1 936.15	
			生产成本—基本生产成本—高档办公椅—直接人工	1 502.28	
			应付职工薪酬—工资		102 500.00
31	转 37	计提本月个人所得税、社保费	应付职工薪酬—工资	14 552.60	
			应交税费—应交个人所得税		3 277.60
			应付职工薪酬—社会保险费		11 275.00
31	转 38	计提福利费	管理费用—工资及福利费	8 197.00	
			销售费用—工资及福利费	2 002.00	
			生产成本—辅助生产成本(直接人工)	812.00	
			制造费用—木工车间(工资及福利费)	448.00	
			制造费用—油漆车间(工资及福利费)	427.00	
			制造费用—装配车间(工资及福利费)	357.00	
			生产成本—基本生产成本—白色办公桌—直接人工	369.58	
			生产成本—基本生产成本—黑色办公桌—直接人工	585.85	
			生产成本—基本生产成本—棕色会议桌—直接人工	670.27	
			生产成本—基本生产成本—普通办公椅—直接人工	271.07	
			生产成本—基本生产成本—高档办公椅—直接人工	210.23	

表 2-3-3 记账凭证清单 3

日期	凭证号	摘要	科目	借方金额	
			应付职工薪酬—职工福利费		14 350.00
31	转 39	提取本月工会经费	管理费用—工会经费	1 171.00	
			销售费用—工会经费	286.00	
			生产成本—辅助生产成本(直接人工)	116.00	
			制造费用—木工车间(工会经费)	64.00	
			制造费用—油漆车间(工会经费)	61.00	
			制造费用—装配车间(工会经费)	51.00	
			生产成本—基本生产成本—白色办公桌—直接人工	52.79	
			生产成本—基本生产成本—黑色办公桌—直接人工	83.69	
			生产成本—基本生产成本—棕色会议桌—直接人工	95.75	

续表 2-3-3

日期	凭证号	摘要	科目	借方金额	贷方金额
			生产成本—基本生产成本—普通办公椅—直接人工	38.72	
			生产成本—基本生产成本—高档办公椅—直接人工	30.05	
			应付职工薪酬—工会经费		2 050.00
31	转 40	计提本月公司应承担的保险费	管理费用—社会保险费	15 105.90	
			销售费用—社会保险费	3 689.40	
			生产成本—辅助生产成本(直接人工)	1 496.40	
			制造费用—木工车间(保险费)	825.60	
			制造费用—油漆车间(保险费)	786.90	
			制造费用—装配车间(保险费)	657.90	
			生产成本—基本生产成本—白色办公桌—直接人工	681.05	
			生产成本—基本生产成本—黑色办公桌—直接人工	1 079.58	
			生产成本—基本生产成本—棕色会议桌—直接人工	1 235.16	
			生产成本—基本生产成本—普通办公椅—直接人工	499.53	
			生产成本—基本生产成本—高档办公椅—直接人工	387.58	
			应付职工薪酬—社会保险费		26 445.00
31	转 41		生产成本—基本生产成本—白色办公桌—直接材料	18 672.28	
			生产成本—基本生产成本—黑色办公桌—直接材料	18 275.94	
			生产成本—基本生产成本—棕色会议桌—直接材料	21 799.01	
			生产成本—基本生产成本—普通办公椅—直接材料	11 538.06	
			生产成本—基本生产成本—高档办公椅—直接材料	12 837.19	
			在建工程	110.10	
			制造费用—装配车间(机物料消耗)	27.52	
			生产成本—辅助生产成本—直接材料	13.76	
			销售费用—包装费	289.00	
			材料成本差异		83 562.86
31	转 42	木工设备验收	固定资产	812 450.10	
			在建工程		812 450.10

续表 2-3-3

日期	凭证号	摘要	科目	借方金额	贷方金额
31	转 43	摊销本月无形资产	管理费用—无形资产摊销	277.78	
			累计摊销		277.78
31	转 44	计提本月折旧	管理费用—折旧费	3 245.83	
			销售费用—折旧费	263.89	
			其他业务成本	263.89	
			生产成本—辅助生产成本—制造费用	1 187.50	
			制造费用—木工车间(折旧费)	17 020.84	
			制造费用—油漆车间(折旧费)	1 583.33	
			制造费用—装配车间(折旧费)	5 937.50	
			累计折旧		29 502.78
31	转 45	分摊本月辅助生产成本	管理费用—其他	2 629.97	
			制造费用—油漆车间(其他)	2 629.98	
			制造费用—装配车间(其他)	5 259.96	
			制造费用—木工车间(其他)	15 779.87	
			生产成本—辅助生产成本—直接材料		263.76
			生产成本—辅助生产成本—直接人工		8 224.40
			生产成本—辅助生产成本—制造费用		17 811.62
31	转 46	分摊制造费用	生产成本—基本生产成本—白色办公桌—制造费用	47 752.78	
			生产成本—基本生产成本—黑色办公桌—制造费用	33 426.95	
			生产成本—基本生产成本—棕色会议桌—制造费用	47 752.78	
			生产成本—基本生产成本—普通办公椅—制造费用	23 876.39	
			生产成本—基本生产成本—高档办公椅—制造费用	14 325.84	
			制造费用—木工车间(房租费)		90 000.00
			制造费用—木工车间(工资及福利费)		3 648.00
			制造费用—木工车间(折旧费)		17 020.84
			制造费用—木工车间(水、电费)		24 136.43
			制造费用—木工车间(维修费)		15 000.00
			制造费用—木工车间(其他)		16 439.87
			制造费用—木工车间(工会经费)		64.00
			制造费用—木工车间(保险费)		825.60

续表 2-3-3

日期	凭证号	摘要	科目	借方金额	贷方金额
31	转 47	分摊制造费用	生产成本—基本生产成本—白色办公桌—制造费用	18 789.93	
			生产成本—基本生产成本—黑色办公桌—制造费用	11 273.96	
			生产成本—基本生产成本—棕色会议桌—制造费用	30 063.88	
			生产成本—基本生产成本—普通办公椅—制造费用	7 515.97	
			生产成本—基本生产成本—高档办公椅—制造费用	15 031.94	
			制造费用—油漆车间(工资及福利费)		3 477.00
			制造费用—油漆车间(折旧费)		1 583.33
			制造费用—油漆车间(水、电费)		13 657.47
			制造费用—油漆车间(工会经费)		61.00
			制造费用—油漆车间(保险费)		786.90
			制造费用—油漆车间(房租费)		60 000.00
			制造费用—油漆车间(其他)		3 109.98
31	转 48	分摊制造费用	生产成本—基本生产成本—白色办公桌—制造费用	26 489.66	
			生产成本—基本生产成本—黑色办公桌—制造费用	14 716.48	
			生产成本—基本生产成本—棕色会议桌—制造费用	29 432.95	
			生产成本—基本生产成本—普通办公椅—制造费用	11 773.18	
			生产成本—基本生产成本—高档办公椅—制造费用	5 886.58	
			制造费用—装配车间(其他)		5 619.96
			制造费用—装配车间(工资及福利费)		2 907.00
			制造费用—装配车间(折旧费)		5 937.50
			制造费用—装配车间(水、电费)		12 597.97
			制造费用—装配车间(机物料消耗)		527.52
			制造费用—装配车间(房租费)		60 000.00
			制造费用—装配车间(工会经费)		51.00
			制造费用—装配车间(保险费)		657.90
31	转 49	结转本月产成品成本	库存商品—白色办公桌	461 000.00	
			生产成本—基本生产成本—白色办公桌—制造费用		88 753.27
			生产成本—基本生产成本—白色办公桌—直接材料		360 130.70

续表 2-3-3

日期	凭证号	摘要	科目	借方金额	贷方金额
			生产成本—基本生产成本—白色办公桌—直接人工		12 116.03
	转 50	结转本月产成品成本	库存商品—黑色办公桌	420 948.34	
			生产成本—基本生产成本—黑色办公桌—直接材料		347 478.43
			生产成本—基本生产成本—黑色办公桌—制造费用		60 344.93
			生产成本—基本生产成本—黑色办公桌—直接人工		13 124.98
	转 51	结转本月产成品成本	库存商品—棕色会议桌	663 892.32	
			生产成本—基本生产成本—棕色会议桌—直接材料		533 157.03
			生产成本—基本生产成本—棕色会议桌—制造费用		111 622.47
			生产成本—基本生产成本—棕色会议桌—直接人工		19 112.82
	转 52	结转本月产成品成本	库存商品—普通办公椅	301 535.63	
			生产成本—基本生产成本—普通办公椅—直接材料		240 195.85
			生产成本—基本生产成本—普通办公椅—制造费用		51 731.99
			生产成本—基本生产成本—普通办公椅—直接人工		9 607.79
	转 53	结转本月产成品成本	库存商品—高档办公椅	362 167.66	
			生产成本—基本生产成本—高档办公椅—直接材料		317 061.70
			生产成本—基本生产成本—高档办公椅—制造费用		38 457.58
			生产成本—基本生产成本—高档办公椅—直接人工		6 648.38
	转 54	结转委托代销商品发出成本	委托代销商品—黑色办公桌	559 488.75	
			委托代销商品—普通办公椅	187 268.85	
			库存商品—黑色办公桌		559 488.75
			库存商品—普通办公椅		187 268.85

续表 2-3-3

日期	凭证号	摘要	科目	借方金额	贷方金额
	转 55	结转分期收款销售发出商品成本	主营业务成本—棕色会议桌	517 285.48	
			主营业务成本—高档办公椅	410 646.64	
			库存商品—棕色会议桌		517 285.48
			库存商品—高档办公椅		410 646.64
	转 56	结转普通销售商品成本	主营业务成本—白色办公桌	807 974.13	
			主营业务成本—棕色会议桌	263 815.59	
			主营业务成本—普通办公椅	287 145.57	
			主营业务成本—高档办公椅	210 456.40	
			库存商品—白色办公桌		807 974.13
			库存商品—棕色会议桌		263 815.59
			库存商品—普通办公椅		287 145.57
			库存商品—高档办公椅		210 456.40
	转 57	结转委托代销商品销售成本	主营业务成本—黑色办公桌	179 036.40	
			主营业务成本—普通办公椅	59 926.03	
			委托代销商品—黑色办公桌		179 036.40
			委托代销商品—普通办公椅		59 926.03
	转 58	计提本月借款利息	财务费用—利息	5 360.00	
			应付利息		5 360.00
	转 59	结转本月未交增值税	应交税费—应交增值税(转出未交增值税)	367 266.01	
			应交税费—未交增值税		367 266.01
	转 60	计提本月应交营业税	其他业务成本	750.00	
			应交税费—应交营业税		750.00
	转 61	计提本月城市维护建设税及教育费附加	营业税金及附加	36 726.60	
			其他业务成本	75.00	

续表 2-3-3

日期	凭证号	摘要	科目	借方金额	贷方金额
			应交税费—应交教育费附加		25 761.12
			应交税费—应交城市维护建设税		11 040.48
	转 62	结转本期损益	主营业务收入—白色办公桌	1 016 752.13	
			主营业务收入—黑色办公桌	225 641.03	
			主营业务收入—棕色会议桌	949 145.29	
			主营业务收入—普通办公椅	477 264.96	
			主营业务收入—高档办公椅	680 854.69	
			其他业务收入	15 000.00	
			投资收益	9 140.00	
			营业外收入	200.00	
			本年利润		3 373 998.10
	转 63	结转本期损益	本年利润	2 949 754.81	
			主营业务成本—白色办公桌		807 974.13
			主营业务成本—黑色办公桌		179 036.40
			主营业务成本—棕色会议桌		781 101.07
			主营业务成本—普通办公椅		347 071.60
			主营业务成本—高档办公椅		621 103.04
			营业税金及附加		36 726.60
			其他业务成本		1 088.89
			财务费用—利息		16 446.78
			财务费用—手续费		1 050.00
			营业外支出		158 156.30
	转 64	结转本期损益	本年利润	374 233.26	
			管理费用—工资及福利费		66 747
			管理费用—办公费		5 641.2
			管理费用—税金		150.4
			管理费用—折旧费		4 235.41
			管理费用—差旅费		3 733
			管理费用—业务招待费		3 500
			管理费用—审计诉讼费		5 000
			管理费用—房租费		225 000
			管理费用—水、电费		30 101.6
			管理费用—职工教育费		5 000
			管理费用—工会经费		1 171

续表 2-3-3

日期	凭证号	摘要	科目	借方金额	贷方金额
			管理费用—无形资产摊销		277.78
			管理费用—社会保险费		15 105.9
			管理费用—财产保险费		4 800
			管理费用—其他		3 769.97
	转 65	结转本期损益	本年利润	166 410.29	
			销售费用—工资及福利费		16 302
			销售费用—折旧费		263.89
			销售费用—手续费		18 240
			销售费用—广告费		10 000
			销售费用—展览费		50 000
			销售费用—包装费		5 539
			销售费用—运输费		46 850
			销售费用—社会保险费		3 689.4
			销售费用—其他		240
			销售费用—工会经费		286
			销售费用—房租费		15 000
	转 66	结转本年利润账户	利润分配—未分配利润	116 400.26	
			本年利润		116 400.26

第三部分 Chapter One

模拟实训内容

一、建账

(一) 账簿启用

以陆梅的名义启用厦门东方家具有限公司 2007 年 1 月明细分类账，并填制账簿启用及交接表(见表 3-1-1)。

表 3-1-1

账簿启用表

机构名称		印鉴
账簿名称	(第　　册)	
账簿编号		
账簿页数	本账簿共计　　页(本账簿页数 检点人盖章　　)	
启用日期	公元　　年　　月　　日	

经管人员	负责人		主办会计		复核		记账	
	姓名	盖章	姓名	盖章	姓名	盖章	姓名	盖章

接交记录	经管人员		接管				交出			
	职别	姓名	年	月	日	盖章	年	月	日	盖章
备注										

(二) 建立库存现金日记账

根据期初余额，建立库存现金日记账(见表 3-1-2)。

(三) 建立银行存款日记账

根据银行存款期初余额，建立银行存款日记账(见表 3-1-3)。

(四) 建立三栏明细账

1. 建立其他货币资金明细账(见表 3-1-4)。

表3-1-2

现金日记账

第　号

005

年		凭证		票据号数	摘要	借方									贷方									余额									核对
月	日	种类	号数			百	十	万	千	百	十	元	角	分	百	十	万	千	百	十	元	角	分	百	十	万	千	百	十	元	角	分	

复核

记账

核准

表3-1-3

第　号

银行存款日记账

开户行

账　号

6303

年		凭证		支票		摘要	借方									核对	贷方									核对	余额								
月	日	种类	号数	类别	号数		百	十	万	千	百	十	元	角	分		百	十	万	千	百	十	元	角	分		百	十	万	千	百	十	元	角	分

复核

记账

核准

表3-1-4

分页：________总页：________

明　细　账

一________级科目：________________　二________级科目：________________________

年		凭证		摘要	日页	借方									贷方									借或贷	余额								
月	日	种类	号数			百	十	万	千	百	十	元	角	分	百	十	万	千	百	十	元	角	分		百	十	万	千	百	十	元	角	分

(1) 建立“其他货币资金—保证金存款”。
(2)“其他货币资金—银行汇票存款”。
(3)“其他货币资金—存出投资款”明细账。
2. 建立可供出售金融资产明细账。
3. 建立应收票据明细账。
(1) 建立“应收票据—厦门华联商厦股份有限公司”明细账。
(2) 建立“应收票据—厦门张氏家私有限公司”明细账。
4. 建立应收股利明细账。
5. 建立应收账款明细账。
(1) 建立“应收账款—厦门唐门家具有限公司”明细账。
(2) 建立“应收账款—厦门凯乐装饰有限公司”明细账。
(3) 建立“应收账款—厦门禾山电子有限公司”明细账。
6. 建立其他应收款明细账(根据其他应收款各明细单位或个人,建立其他应收款明细账)。
(1) 建立“其他应收款—郑凡”明细账。
(2) 建立“其他应收款—许飞”明细账。
7. 建立坏账准备明细账。
8. 建立材料成本差异明细账。
9. 建立存货跌价准备明细账。
10. 建立长期股权投资明细账。
11. 建立固定资产类及待处理财产损益明细账。
(1) 建立固定资产明细账。
(2) 建立累计折旧明细账。
(3) 建立固定资产减值准备明细账。
(4) 建立在建工程明细账。
(5) 建立固定资产清理明细账。
(6) 建立无形资产明细账。
(7) 建立无形资产减值准备明细账。
(8) 建立“待处理财产损益—待处理流动资产损益”明细账。
(9) 建立“待处理财产损益—待处理固定资产损益”明细账。
(10) 建立工程物资明细账。
12. 建立负债类明细账。
(1) 建立短期借款明细账。
(2) 建立“应付职工薪酬—工资”明细账。
(3) 建立“应付职工薪酬—职工福利费”明细账。
(4) 建立“应付职工薪酬—社会保险费”明细账。
(5) 建立“应付职工薪酬—工会经费”明细账。
(6) 建立应付股利明细账。
(7) 建立“其他应付款—经销商保证金”明细账。
(8) 建立长期借款明细账。
(9) 建立“应交税费—应交增值税”明细账(见表 3-1-5)。

表3-1-5

应交税费（增值税）明细账

年		凭证		摘要	借方金额																																											贷方金额																																																							借或贷	余额										
					合计											进项税额											已交税金																							合计											销项税额											出口退税											进项税额转出																																		
月	日	种类	编号		亿	千	百	十	万	千	百	十	元	角	分	亿	千	百	十	万	千	百	十	元	角	分	亿	千	百	十	万	千	百	十	元	角	分	亿	千	百	十	万	千	百	十	元	角	分	亿	千	百	十	万	千	百	十	元	角	分	亿	千	百	十	万	千	百	十	元	角	分	亿	千	百	十	万	千	百	十	元	角	分	亿	千	百	十	万	千	百	十	元	角	分	亿	千	百	十	万	千	百	十	元	角	分		亿	千	百	十	万	千	百	十	元	角	分

(10) 建立"应交税费—未交增值税"明细账。
(11) 建立"应交税费—应交营业税"明细账。
(12) 建立"应交税费—应交城市维护建设税"明细账。
(13) 建立"应交税费—应交个人所得税"明细账。
(14) 建立"应交税费—应交所得税"明细账。
(15) 建立"应交税费—应交教育费附加"明细账。
13. 建立应付票据明细账。
(1) 建立"应付票据—福建建瓯山林木材有限公司"明细账。
(2) 建立"应付票据—厦门昌盛油漆有限公司"明细账。
14. 建立应付账款明细账。
(1) 建立"应付账款—福州宏发人造板有限公司"明细账。
(2) 建立"应付账款—厦门万事发工贸有限公司"明细账。
15. 建立预收账款明细账。
16. 建立所有者权益类明细账。
(1) 建立实收资本明细账。
(2) 建立"资本公积—资本溢价"明细账。
(3) 建立"盈余公积—法定盈余公积"明细账。
(4) 建立本年利润明细账。
(5) 建立"利润分配—提取法定盈余公积"明细账。
(6) 建立"利润分配—提前任意盈余公积"明细账。
(7) 建立"利润分配—应付普通股股利"明细账。
(8) 建立"利润分配—未分配利润"明细账。
17. 建立损益类明细账。
(1) 建立"主营业务收入—白色办公桌"明细账。
(2) 建立"主营业务收入—黑色办公桌"明细账。
(3) 建立"主营业务收入—棕色会议桌"明细账。
(4) 建立"主营业务收入—普通办公椅"明细账。
(5) 建立"主营业务收入—高档办公椅"明细账。
(6) 建立其他业务收入明细账。
(7) 建立投资收益明细账。
(8) 建立营业外收入明细账。
(9) 建立"主营业务成本—白色办公桌"明细账。
(10) 建立"主营业务成本—黑色办公桌"明细账。
(11) 建立"主营业务成本—棕色会议桌"明细账。
(12) 建立"主营业务成本—普通办公椅"明细账。
(13) 建立"主营业务成本—高档办公椅"明细账。
(14) 建立营业税金及附加明细账。
(15) 建立其他业务成本明细账。
(16) 建立"财务费用—利息"明细账。
(17) 建立"财务费用—手续费"明细账。

(18) 建立营业外支出明细账。

(19) 建立所得税费用明细账。

18. 建立材料采购明细账。

(1) 建立“材料采购—特种胶合板”明细账。

(2) 建立“材料采购—普通胶合板”明细账。

(3) 建立“材料采购—油漆(白色)”明细账。

(4) 建立“材料采购—油漆(黑色)”明细账。

(5) 建立“材料采购—油漆(棕色)”明细账。

(6) 建立“材料采购—酒精”明细账。

(五) 建立数量金额式明细账(见表 3-1-6)

表 3-1-6

______数量金额式明细账　　分页____总页____

最高存量……　　编号、名称……

最低存量……　储备天数……　存放地点……　计量单位……　规格……　类别……

复核　记账　核准

年		凭证号	摘要	收入											付出											结存										
				数量	单价	金额									数量	单价	金额									数量	单价	金额								
月	日					百	十	万	千	百	十	元	角	分			百	十	万	千	百	十	元	角	分			百	十	万	千	百	十	元	角	分

1. 建立原材料明细账。

(1) 建立“原材料—特种胶合板”明细账。

(2) 建立“原材料—普通胶合板”明细账。

(3) 建立“原材料—油漆(白色)”明细账。

(4) 建立“原材料—油漆(黑色)”明细账。

(5) 建立“原材料—油漆(棕色)”明细账。

(6) 建立“原材料—酒精”明细账。

2. 建立周转材料明细账。

(1) 建立“周转材料—包装物(塑料包装纸)”明细账。

(2) 建立“周转材料—低值易耗品(工作服)”明细账。

(3) 建立“周转材料—低值易耗品(工具)”明细账。

(4) 建立"周转材料—低值易耗品(口罩)"明细账。

3. 建立库存商品明细账。

(1) 建立"库存商品—白色办公桌"明细账。

(2) 建立"库存商品—黑色办公桌"明细账。

(3) 建立"库存商品—棕色会议桌"明细账。

(4) 建立"库存商品—普通办公椅"明细账。

(5) 建立"库存商品—高档办公椅"明细账。

4. 建立委托代销商品明细账。

(1) 建立"委托代销商品—黑色办公桌"明细账。

(2) 建立"委托代销商品—普通办公椅"明细账。

(六) 建立多栏式明细账

1. 建立销售费用明细账(见表 3-1-7)。

建立销售费用明细账——建立"销售费用—工资及福利费、折旧费、手续费、广告费、展览费、包装费、运输费、社会保险费、其他、工会经费、房租费"明细账。(要依次填写)

2. 建立管理费用明细账(见表 3-1-8)。

建立管理费用明细账——建立"管理费用—工资及福利费、办公费、税金、折旧费、差旅费、业务招待费、审计诉讼费、房租费、水、电费、职工教育经费、工会经费、无形资产摊销、社会保险费、财产保险费、职工教育经费、工会经费、无形资产摊销、社会保险费、财产保险费、其他"明细账。(提示:要依次填写)

3. 建立制造费用明细账(见表 3-1-9)。

(1) 建立"制造费用—木工车间"明细账——建立"木工车间"制造费用明细账,并设置以下明细科目:工资及福利费、折旧费、维修费、房租费、水、电费、工会经费、保险费、其他 。(要依次填写)。

(2) 建立"制造费用—油漆车间"明细账——建立"油漆车间"制造费用明细账,并设置以下明细科目:工资及福利费、折旧费、水、电费、机物料消耗、房租费、修理费、工会经费、保险费、其他。(要依次填写)。

(3) 建立"制造费用—装配车间"明细账——建立"装配车间"制造费用明细账,并设置以下明细科目:工资及福利费、折旧费、水、电费、机物料消耗、房租费、工会经费、保险费、其他。(要依次填写)。

(七) 建立生产成本明细账

1. 建立生产成本—基本生产成本明细账(见表 3-1-10)。

(1) 建立生产成本—基本生产成本—白色办公桌明细账,设直接材料、直接人工、制造费用明细科目。

(2) 建立生产成本—基本生产成本—黑色办公桌明细账,设直接材料、直接人工、制造费用明细科目。

(3) 建立生产成本—基本生产成本—棕色办公桌明细账,设直接材料、直接人工、制造费用明细科目。

(4) 建立生产成本—基本生产成本—普通办公椅明细账,设直接材料、直接人工、制造费用明细科目。

表 3-1-7

销售费用

分页	总页

______级科目______

______级科目______

年		凭证号数	摘要																																																
月	日			十	万	千	百	十	元	角	分	十	万	千	百	十	元	角	分	十	万	千	百	十	元	角	分	十	万	千	百	十	元	角	分	十	万	千	百	十	元	角	分	十	万	千	百	十	元	角	分

表 3-1-8

管理费用

分页	总页

______级科目______

______级科目______

年		凭证号数	摘要																																																
月	日			十	万	千	百	十	元	角	分	十	万	千	百	十	元	角	分	十	万	千	百	十	元	角	分	十	万	千	百	十	元	角	分	十	万	千	百	十	元	角	分	十	万	千	百	十	元	角	分

表 3-1-9

制造费用

分页	总页

______级科目______

______级科目______

年		凭证号数	摘要																																																
月	日			十	万	千	百	十	元	角	分	十	万	千	百	十	元	角	分	十	万	千	百	十	元	角	分	十	万	千	百	十	元	角	分	十	万	千	百	十	元	角	分	十	万	千	百	十	元	角	分

表3-1-10

生产成本明细分类账

科目名称________ 页次____ 总页____ 投产日期________ 计划工时________

生产批号________________ 完工日期________ 实际工时________

生产车间________________

产品名称________________ 数量________ 产品规格________________ 完成产量________

年		凭证号数	摘要	合计										成本项目																																									
														直接材料										直接人工										制造费用																			
月	日			千	百	十	万	千	百	十	元	角	分	千	百	十	万	千	百	十	元	角	分	千	百	十	万	千	百	十	元	角	分	千	百	十	万	千	百	十	元	角	分	千	百	十	万	千	百	十	元	角	分

(5) 建立生产成本—基本生产成本—高档办公椅明细账,设直接材料、直接人工、制造费用明细科目。

2. 建立生产成本—辅助生产成本—机修车间明细账。

(八) 建立总账(见表 3-1-11)

(1) 建立库存现金总账。

(2) 建立银行存款总账。

(3) 建立其他货币资金总账。

(4) 建立可供出售金融资产总账。

(5) 建立应收票据总账。

(6) 建立应收股利总账。

(7) 建立应收账款总账。

(8) 建立其他应收款总账。

(9) 建立坏账准备总账。

(10) 建立材料采购总账。

(11) 建立原材料总账。

(12) 建立周转材料总账。

(13) 建立材料成本差异总账。

(14) 建立库存商品总账。

(15) 建立委托加工物资总账。

(16) 建立委托代销商品总账。

(17) 建立存货跌价准备总账。

(18) 建立长期股权投资总账。

(19) 建立长期股权投资减值准备总账。

(20) 建立固定资产总账。

(21) 建立累计折旧总账

(22) 建立固定资产减值准备总账。

(23) 建立在建工程总账。

(24) 建立固定资产清理总账。

(25) 建立无形资产总账。

(26) 建立无形资产减值准备总账。

(27) 建立待处理财产损益总账。

(28) 建立短期借款总账。

(29) 建立应付票据总账。

(30) 建立应付账款总账。

(31) 建立预收账款总账。

(32) 建立应付职工薪酬总账。

(33) 建立应付股利总账。

(34) 建立应交税费总账。

(35) 建立其他应付款总账。

表3-1-11

第　　号

总　账

科目：

年		凭证		摘要	借方											√	贷方											√	借或贷	余额											√
月	日	字	号		亿	千	百	十	万	千	百	十	元	角	分		亿	千	百	十	万	千	百	十	元	角	分			亿	千	百	十	万	千	百	十	元	角	分	
																□												□													□
																□												□													□
																□												□													□
																□												□													□
																□												□													□
																□												□													□
																□												□													□
																□												□													□
																□												□													□
																□												□													□
																□												□													□
																□												□													□
																□												□													□
																□												□													□

(36) 建立长期借款总账。
(37) 建立实收资本总账。
(38) 建立资本公积总账。
(39) 建立盈余公积总账。
(40) 建立本年利润总账。
(41) 建立利润分配总账。
(42) 建立生产成本总账。
(43) 建立制造费用总账。
(44) 建立主营业务收入总账。
(45) 建立其他业务收入总账。
(46) 建立投资收益总账。
(47) 建立营业外收入总账。
(48) 建立主营业务成本总账。
(49) 建立营业税金及附加总账。
(50) 建立其他业务成本总账。
(51) 建立销售费用总账。
(52) 建立管理费用总账。
(53) 建立财务费用总账。
(54) 建立营业外支出总账。
(55) 建立所得税费用总账。

二、该企业 2007 年 1 月份发生的经济业务

1. 2007 年 1 月 1 日，办公室孙瑶报销办公用品 2 000 元，当即用现金支付。填制报销单（见表 3-2-1），编制记账凭证。

表 3-2-1

报　销　单

填报日期　2007 年 1 月 1 日

姓名	孙瑶	所属部门	办公室	报销形式：现金	
				支票号码	
报销项目		金额	报销项目	金额	
办公用品		2 000.00			
			以上单据共 1 张 金额小计	¥2 000.00	
总金额（大写）	× 拾 × 万 贰 仟 零 佰 零 拾 零 元 零 角 零 分		预支备用金额		应缴备用金额

主管　　会计　　出纳　　报销人 孙瑶

2. 2007 年 1 月 1 日，向福建永安华兴木材厂采购普通胶合板 800 片，取得增值税上注明的采购价款为 164 102.56 元，增值税款为 27 897.44 元，另福建永安华兴木材厂代垫运费 8 000 元，相关发票已收到。款项当即用上月开具的银行汇票支付，但货物尚未运达。

相关发票及凭证如表 3-2-2～表 3-2-4 所示。

表 3-2-2

3200063170　　　　**福建省 增值税专用发票**　　　　No 01831380

开票日期：2007　年 1　月 1　日

发票联

购货单位	名　　称：厦门东方家具有限公司 纳税人识别号：350220060704115 地址、电话：厦门市兴山路89号　5665555 开户行及账号：中国银行厦门市分行营业部9556600	密码区					
货物或应税劳务名称	规格型号	单位	数量	单价	金额	税率	税额
普通胶合板		片	800	205.1282	164102.56	17%	27897.44
合计					164102.56		27897.44
价税合计（大写）	壹拾玖万贰仟元整			（小写）　¥192000.00			
销售单位	名　　称：福建永安华兴木材厂 纳税人识别号：350438547565480 地址、电话：永安市三环路21号6548235 开户行及账号：工行三环支行9558856543321156	备注	福建永安华兴木材厂 350438547565480 发票专用章				

收款人：xx　　复核：xxx　　开票人：xx　　销货单位（章）

第二联：发票联　购货方记账凭证

表 3-2-3

公路、运河货物运输业统一发票

发票代码：231130004650

发票联

开票日期：2007-01-01　　　　发票号码：00566554

机打代码 机打号码 机器编号	231130004650 00566554		税控码		
收货人及纳税人识别号	厦门东方家具有限公司 350220060704115		承运人及纳税人识别号	永安市城东运输公司 3504001132116450	
发货人及纳税人识别号	福建永安华兴木材厂 3504385475654801		主管税务机关及代码	永安市三环地税局 2550121	
运输项目及金额	货物名称 数/重量 单位运价 计费 金额	板材 800 ¥10.00 ¥8000.00	其他项目及金额	装卸费　¥0 仓储费　¥0 保险费　¥0 印花税　¥0 其他　¥0	备注： 起运地：永安 到达地：厦门
运费小计	¥8000.00		其他费用小计	¥0.00	
合计（大写）	捌仟元整			（小写）¥8000.00	

承运人盖章　　发票专用章　　　　开票人 董路

第二联、发票联　付款方记账凭证

手写无效

表 3-2-4

中国银行

银行汇票（卡片）　　1

付款期限 壹个月

汇票号码

出票日期（大写） 贰零零[illegible] 年壹拾[illegible] 月贰拾[illegible] 日

代理付款行：中行厦门市分行营业厅号：035640

收款人：福建永安华兴木材厂	账号：9558856543321156
出票金额　人民币（大写）　贰拾万元整	
实际结算金额　人民币（大写）　贰拾万元整	千百十万千百十元角分 ¥20000000

申请人：厦门东方家具有限公司　　账号：9556600100264582

出票行：中国银行厦门分行营业部　行号：035640　李佳

备　注：

厦门东方家具有限公司 财务专用章

复核　记帐

复核　经办

此联出票行结清汇出汇款贷方凭证

3. 2007 年 1 月 1 日，将厦门华联商厦股份有限公司开具的银行承兑汇票贴现，该汇票出票日期为 2006 年 12 月 25 日，到期日为 2007 年 3 月 26 日，票面金额为 1 000 000.00 元，票面利率为零。贴现利率为 3%。贴现款当日存入银行。

相关资料如表 3-2-5、表 3-2-6 所示。

表 3-2-5

票据贴现凭证（收账通知）　　4

2007 年 1 月 1 日　　第　　号

申请人	全　称	厦门东方家具有限公司	贴现汇票	种类及号码	银行承兑汇票	
	账　号	9556600100264582		发票日	2006.12.25	
	开户银行	中国银行厦门分行营业部		到期日	2007.3.25	
汇票承兑人		中行滨海支行	账号	9556664450015410	开户银行	中行海滨支行
汇票金额		人民币(大写)　壹佰万元整				千百十万千百十元角分 ¥100000000
年贴现率		贴现利息	实付现金额			千百十万千百十元角分
3%		6 821.77				¥99317823
上述款项已入你单位账户。 此致 银行盖章 2007 年 1 月 1 日			备注：			

此联银行给持票人的收帐通知

4. 2007 年 1 月 2 日，销售白色办公桌 500 张，含税单价 500 元/张，普通办公椅 500 把，含税单价 170 元/把给厦门东百商场股份有限公司，余款尚未收回。发票当日开出。

开票资料：

单位名称：厦门东百商场股份有限公司。

税号：350216564001342。

地址、电话：厦门湖滨路 98 号，2541201。

表 3-2-6

银行承兑汇票　　2

出票日期
（大写）贰零零陆　年　壹拾贰　月　贰拾陆　日

付款人	出票人全称	厦门华联商厦股份有限公司	收款人	全称	厦门东方家具有限公司
	出票人账号	9556664450015410		账号	9556600100264582
	付款行全称	中行海滨支行		开户银行	中行厦门市分行营业部

出票金额	人民币（大写）	亿	千	百	十	万	千	百	十	元	角	分
	壹佰万元		¥	1	0	0	0	0	0	0	0	0

汇票到期日（大写）	贰零零柒年零叁月贰拾陆日	付款行	行号	中行海滨支行
承兑协议编号	2006-12-0645		地址	厦门市湖滨西路69号

本汇票请你行承兑，到期后无条件付款。 （印章：厦门华联商厦股份有限公司 财务专用章） 出票人签章	本汇票已经承兑，到期日由本行付款 承兑行签章 承兑日期　年　月　日 备注：	复核　记账

此联收款人开户行随托收凭证寄付款行作借方凭证附件

开户行及账号：工行湖滨分行，9558854646465513。

相关如表 3-2-7 所示。

表 3-2-7

销售发货通知单

编号：

购货单位名称：		地址电话：	
税　　号：		开户行及账号：	
货物名称	数量	单价	金额
合计	大写：	小写：	
结算方式：		合同号：	DFXS200601001
备注：	上月预收10万元,余款发货后10天收回.		

总经理：李佳　　财务经理：王志　　业务经理：许飞　　业务员：李婷

5. 出库单的填写(见表 3-2-8)。2007 年 1 月 2 日，销售给厦门东百商场股份有限公司白色办公桌 500 张，含税单价 500 元/张，普通办公椅 500 把，含税单价 170 元/张，余款尚未收回。发票当日开出。库存商品都在第一仓库存放。

表 3-2-8

物资类别	

出　库　单

N.o 0013152

年　月　日　　连续号

提货单位或领货部门			发票号码或生产单号码		发出仓库	第一仓库	出库日期	2007.1.2
编 号	名 称 及 规 格	单位	数量 要数	数量 实发	单 价	金 额	备 注	
合　计								

(一)留存联

财会部门主管　　记账　　保管部门主管　叶芹　　发货　赵建国　　单位部门主管　　制单　李婷

开票资料：

单位名称：厦门东百商场股份有限公司。

税号：350216564001342。

地址、电话：厦门湖滨路98号，2541201。

开户行及账号：工行湖滨分行，9558854646465513。

6．开具增值税专用发票（见表3-2-9）。2007年1月2日，销售给厦门东百商场股份有限公司白色办公桌500张，含税单价500元/张，普通办公椅500把，含税单价170元/把，余款尚未收回。发票当日开出。

表 3-2-9

3200063170　　厦门增值税专用发票　　No 01831380

开票日期：　　年　　月　　日

记账联

购货单位	名称： 纳税人识别号： 地址、电话： 开户行及账号：			密码区			
货物或应税劳务名称	规格型号	单位	数量	单价	金额	税率	税额
合计							
价税合计（大写）				（小写）			
销售单位	名称： 纳税人识别号： 地址、电话： 开户行及账号：			备注	预收款销售		

第三联：记账联　销货方记账凭证

收款人：　　复核：　　开票人：　　销货单位（章）：

开票资料：

单位名称：厦门东百商场股份有限公司。

税号：350216564001342。

地址、电话：厦门湖滨路98号，2541201。

开户行及账号：工行湖滨分行，9558854646465513。

7. 2007年1月2日，销售给厦门东百商场股份有限公司白色办公桌500张，含税单价500元/张，普通办公椅500把，含税单价170元/把，余款尚未收回。发票当日开出。

根据本业务单据（见表3-2-7～表3-2-9），填制记账凭证。（提示：主营业务收入进行明细核算）。

8. 收料单的编制。2007年1月2日，收到上月采购的特种胶合板20片，其中两片在运输途中损坏，经协商，由福州开发区运输公司全额赔偿（赔偿额为1 193.40元），其余18片办理入库。收料单如表3-2-10所示。

表3-2-10

收料单

年　　月　　日　　　　　　　　　　　　编码：23

材料编号	材料名称	规格	材质	单位	数量		实际单价	材料金额	运杂费	合计（材料实际成本）
					发货票	实收				
供货单位		结算方法				合同号			计划单价	材料/计划成本
备注										

主管：　　　质量检验员：王世杰　　　仓库验收：王薇　　　经办人：

第一联：仓库（黑色）；第二联：记账（红色）；第三联：送料人（绿色）

9. 材料验收入库。2007年1月2日，收到上月采购的特种胶合板20片，其中两片在运输途中损坏，经协商，由福州开发区运输公司全额赔偿（赔偿额为1 193.40元），其余18片办理入库。材料损耗报告单和进项税额转出单如表3-2-11、表3-2-12所示。

表3-2-11

材料损耗报告单

填报单位：仓库		2007年1月2日				字第　　号
材料编号	材料名称	单位	数量	单价	金额	原因
	特种胶合板	片	2	510	1020	运输途中损坏
处理意见：运输途中损坏，由福州开发区运输公司全额赔偿						

10. 赔偿。2007年1月2日，收到上月采购的特种胶合板20片，其中两片在运输途中损坏，经协商，由福州开发区运输公司全额赔偿（赔偿额为1 193.40元），其余18片办理入库。请作出应收赔偿的记账凭证。

表 3-2-12

进项税额转出单

单位： 2007年1月2日 税转字第 号

项目	计税金额	转出税额	备注
特种胶合板	1020	173.4	运输途中损坏2片，应负担的增值税
合计	1020	173.4	

主管 记账 复核 制单

11. 转账支票的填制（见表 3-2-13、表 3-2-14）——投资款。2007 年 1 月 2 日，转 300 000.00 元到厦门华翔证券公司以备投资。

表 3-2-13

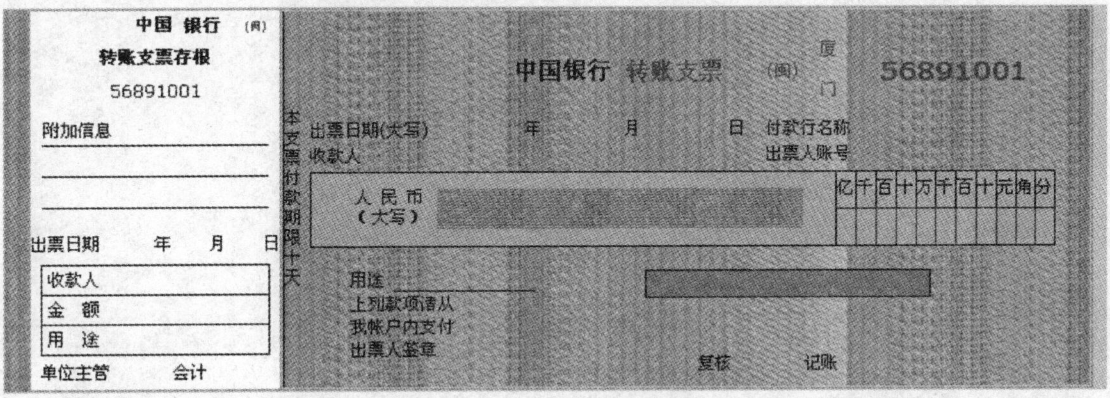
中国 银行 (闽)
转账支票存根
56891001
附加信息
出票日期 年 月 日
收款人
金 额
用 途
单位主管 会计

本支票付款期限十天

中国银行 转账支票 (闽) 厦门 56891001
出票日期(大写) 年 月 日 付款行名称
收款人 出票人账号
人民币（大写） 亿 千 百 十 万 千 百 十 元 角 分
用途
上列款项请从
我帐户内支付
出票人签章
复核 记账

表 3-2-14

附加信息：

被背书人

背书人签章
年 月 日

贴粘单处

12. 投资款业务。2007 年 1 月 2 日，转 300 000.00 元到厦门华翔证券公司以备投资。

13. 收到货款。2007 年 1 月 3 日，收到厦门禾山电子有限公司所欠货款 100 000.00 元。

银行进账单如表 3-2-15 所示。

14. 领料单的编制——生产领料。2007 年 1 月 3 日，木工车间领用普通胶合板 1 000 片（计划单价 200 元/片）用于生产办公桌（白色、黑色各一半），领用特种胶合板 150 片（计划单价 500 元/片）用于生产会议桌。

领料单如表 3-2-16 所示。

表 3-2-15

（　　中国银行）进账单(收账通知)　　3

2007 年 1 月 3 日

付款人	全称	厦门禾山电子有限公司	收款人	全称	厦门东方家具有限公司
	账号	89465132140016		账号	350220060704115
	开户行	禾山信用社		开户行	中国银行厦门市分行营业部
金额	人民币(大写)壹拾万元整			亿千百十万千百十元角分	¥10000000
票据种类		转账支票	中国银行厦门市分行营业部 转讫章		
票据张数		1			
复核　记账			收款人开户银行签章		

此联是收款人开户银行交给收款人的收账凭证

15. 生产领料(见表 3-2-16)。2007 年 1 月 3 日，木工车间领用普通胶合板 1 000 片用于生产办公桌(白色、黑色各一半)，领用特种胶合板 150 片用于生产会议桌。编制记账凭证。

表 3-2-16

领　料　单

0204109

（三联式）

领料部门：　　字第 23　号

用　途：普通胶合板生产办　　年　月　日

材料			单位	数量		成本										材料账页
						单价	总价									
编号	名称	规格		请领	实发		百	十	万	千	百	十	元	角	分	

第二联：会计部门记账

主管：　会计：　记账：　保管：王世杰　发料：赵敏　领料：廖汉文

16. 收料单的填制(见表 3-2-17)。2007 年 1 月 3 日，在福建永安华兴木材厂采购的木板到货，发现 800 片板材中只有 700 片合格，另 100 片不合格。当即与其取得联系，对方同意按原价退货，退货运费由华兴公司承担。

17. 材料验收入库。2007 年 1 月 3 日，在福建永安华兴木材厂采购的木板到货，发现 800 片板材中只有 700 片合格，另 100 片不合格。当即与其取得联系，对方同意按原价退货，退货运费由华兴公司承担。

18. 可供出售金融资产。2007 年 1 月 4 日，购买股票“火炬科技”10 000 股，成交价格为每股 15 元，另支付 4‰的印花税，3.5‰的佣金，1‰的过户费。该股票已于 2007 年 1 月 1 日宣告每 10 股发放现金股利 1 元(税后)，股权登记日为 1 月 8 日，股利发放日为 1 月 10 日。企业根据自己的理财目标将其划分为可供出售金融资产。

表 3-2-17

<table>
<tr><td colspan="13" align="center">收 料 单</td></tr>
<tr><td colspan="11">年　　月　　日</td><td colspan="2">编码：23</td></tr>
<tr><td rowspan="2">材料编号</td><td rowspan="2">材料名称</td><td rowspan="2">规格</td><td rowspan="2">材质</td><td rowspan="2">单位</td><td colspan="2">数 量</td><td rowspan="2">实际单价</td><td rowspan="2" colspan="2">材料金额</td><td rowspan="2">运杂费</td><td rowspan="2" colspan="2">合 计
(材料实际成本)</td></tr>
<tr><td>发货票</td><td>实收</td></tr>
<tr><td></td><td></td><td></td><td></td><td></td><td></td><td></td><td></td><td colspan="2"></td><td></td><td colspan="2"></td></tr>
<tr><td>供货单位</td><td colspan="3"></td><td colspan="2">结算方法</td><td colspan="2"></td><td>合同号</td><td></td><td>计划单价</td><td colspan="2">材料/计划成本</td></tr>
<tr><td>备 注</td><td colspan="9"></td><td></td><td colspan="2"></td></tr>
</table>

主管:　　质量检验员:　　仓库验收：王世杰　　经办人：王薇

第一联：仓库(黑色)；第二联：记账(红色)；第三联：送料人(绿色)

股票交割单如表 3-2-18 所示。

表 3-2-18

国泰军安 证券公司

买卖类别：买入	成交日期：2007-1-4
股东代码：503140	股东姓名：
资金账号：200501311	合同号码：
证券名称：火炬科技	委托日期：2007-1-4　10：20
成交号码：0165664	成交时间：11：25
成交股数：10000	本次余额：
成交价格：15.00	成交金额：150000.00
手 续 费：525.00	印 花 税：600.00
过 户 费：150.00	其他收费：
收付金额：151275.00	上次余额：300000.00
本次余额：148725.00	
备注：成交价中包含已宣告尚未分派的现金股利0.1元/股(税后)	

(1)凭证联

国泰军安证券公司 业务章

经办单位　　客户签章

19. 销售业务。

(1) 出库单的编制。2007 年 1 月 4 日，厦门国际会展有限公司向公司购买棕色会议桌 50 张，含税单价 8 000 元/张，购买高档办公椅 400 把，含税单价 800 元/把，价款合计为 720 000.00 元，收到对方开具的转账支票，当日办理托收入账。货当日发出，发票当日开具。

开票资料：

单位名称：厦门国际会展有限公司。

税号:350201326547801。

地址、电话:厦门会展路1号,6544601。

开户行及账号:中行会展支行,9556600100789024。

请编制出库单(见表3-2-19)。

表3-2-19

物资类别	

出 库 单 N.o 0013152

年 月 日 连续号ck01002

提货单位或领货部门			发票号码或生产单号码		发出仓库		出库日期	
编号	名称及规格	单位	数量		单价	金额	备注	
			要数	实发				
合计								

(二)记账联

财会部门主管 记账 保管部门主管 发货 马红光 单位部门主管 制单 叶芹

(2)增值税专用发票的开具(见表3-2-20)。

表3-2-20

3200063170 厦门 增值税专用发票 No 01831380

开票日期: 年 月 日

记账联

购货单位	名称: 纳税人识别号: 地址、电话: 开户行及账号:			密码区			
货物或应税劳务名称	规格型号	单位	数量	单价	金额	税率	税额
合计							
价税合计(大写)				(小写)			
销售单位	名称: 纳税人识别号: 地址、电话: 开户行及账号:			备注			

第三联:记账联 销货方记账凭证

收款人: 复核: 开票人: 陆梅 销货单位(章):

2007 年 1 月 4 日，厦门国际会展有限公司向公司购买棕色会议桌 50 张，含税单价 8 000 元/张，购买高档办公椅 400 把，含税单价 800 元/把，价款合计为 720 000.00 元，收到对方开具的转账支票，当日办理托收入账。货当日发出，发票当日开具。

开票资料：

单位名称：厦门国际会展有限公司。

税号：350201326547801。

地址、电话：厦门会展路 1 号，6544601。

开户行及账号：中行会展支行，9556600100789024。

(3) 银行进账单的填制(见表 3-2-21)。2007 年 1 月 4 日，厦门国际会展有限公司向公司购买棕色会议桌 50 张，含税单价 8 000 元/张，购买高档办公椅 400 把，含税单价 800 元/把，价款合计为 720 000.00 元，收到对方开具的转账支票，当日办理托收入账。货当日发出，发票当日开具。

表 3-2-21

（ 中国 银行）进账单(回单) 1

年 月 日

付款人	全称		收款人	全称	
	账号			账号	
	开户行			开户行	
金额	人民币(大写)				亿 千 百 十 万 千 百 十 元 角 分
票据种类					
票据张数					
复核 记账			开户银行签章		

此联是开户银行交给持票人的回单

开票资料：

单位名称：厦门国际会展有限公司。

税号：350201326547801。

地址、电话：厦门会展路 1 号，6544601。

开户行及账号：中行会展支行，9556600100789024。

转账支票正联如表 3-2-22 所示。

回单或收账通知贷方凭证收账通知。

(4) 收款。2007 年 1 月 4 日，厦门国际会展有限公司向公司购买棕色会议桌 50 张，含税单价 8 000 元/张，购买高档办公椅 400 把，含税单价为 800 元/把，价款合计为720 000.00 元，收到对方开具的转账支票(见表 3-2-22)，当日办理托收入账。货当日发出，发票当日开具。

开票资料：

单位名称：厦门国际会展有限公司。

税号：350201326547801。

地址、电话：厦门会展路 1 号，6544601。

开户行及账号：中行会展支行，9556600100789024。

（提示：原始单据为银行进账单回单——收账通知、发票记账联）。

表 3-2-22

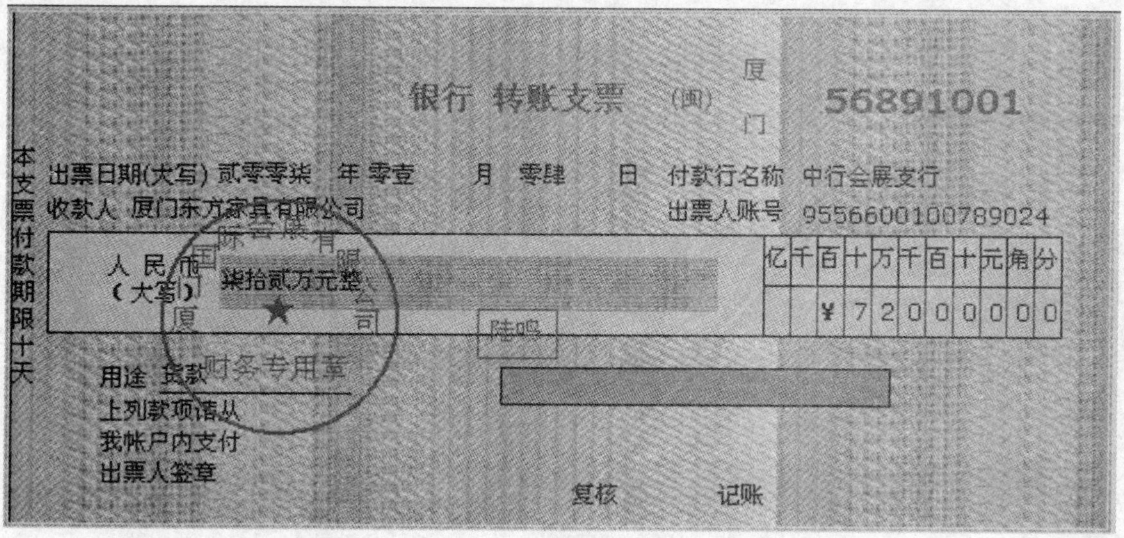
银行 转账支票 （闽） 厦门 56891001

本支票付款期限十天

出票日期(大写) 贰零零柒 年 零壹 月 零肆 日　付款行名称 中行会展支行

收款人 厦门东方家具有限公司　出票人账号 9556600100789024

人民币（大写）	柒拾贰万元整	亿	千	百	十	万	千	百	十	元	角	分
				¥	7	2	0	0	0	0	0	0

用途 货款

上列款项请从

我帐户内支付

出票人签章　陆鸣

复核　记账

20. 企业进货退出及索取折让证明单——购货退回业务。

(1) 2007 年 1 月 5 日，办理《企业进货退出及索取折让证明单》（见表 3-2-23），交华兴公司开具红字发票，并收到对方的发票。

办理《企业进货退出及索取折让证明单》（日期为 1 月 4 日），给华兴公司开具红字发票。

表 3-2-23

企业进货退出及索取折让证明单

（2007 ）　　NO 00002154

销货单位	全　称				
	税务登记号				
进货退出	货物名称	单价	数量	货款	税额
索取折让	货物名称	货款	税额	要求	
				折让金额	折让税额
退货或索取折让理由	质量不合格 经办人：陆梅　单位盖章 2007 年 1 月 5 日		税务征收机关签章	经办人：韩鹏　单位盖章 2007 年 1 月 5 日	
购货单位	全　称				
	税务登记号				

第三联 购货单位留存

本证明单一式三联

第一联，征收机关留存；第二联，交销货单位；第三联，购货单位留存。

（2）购货退回。2007 年 1 月 5 日，办理《企业进货退出及索取折让证明单》，交华兴公司开具红字发票，并收到对方的发票。根据收到的红字发票，填制记账凭证。

背景单据：增值税专用发票（见表 3-2-24）。

表 3-2-24

3200063170　　福建省 增值税专用发票　　No 01831380

开票日期：2007 年 1 月 5 日

发票联

购货单位	名　称：厦门东方家具有限公司 纳税人识别号：350220060704115 地址、电话：厦门市兴山路89号　5665555 开户行及账号：中国银行厦门市分行营业部9556600	密码区					
货物或应税劳务名称	规格型号	单位	数量	单价	金额	税率	税额
普通胶合板		片	-100	205.1282	-20512.82	17%	-3487.18
合计					-20512.82		-3487.18
价税合计（大写）	负数贰万肆仟元整			（小写）	¥-24000.00		
销售单位	名　称：福建永安华兴木材厂 纳税人识别号：350438547565480 地址、电话：永安市三环路21号6548235 开户行及账号：工行三环支行9558856543321156	备注	福建永安华兴木材厂 350438547565480 发票专用章				

第二联：发票联 购货方记账凭证

收款人：xx　　复核：xx　　开票人：xx　　销货单位（章）

21. 收款收据的填写——收到赔款。2007 年 1 与 5 日，收到福州开发区运输公司的赔款 1 193.40 元（通过转账支付），当即开具收款收据，如表 3-2-25 所示。

表 3-2-25

收　款　收　据　　N.O 0049002

年　月　日

今 收 到 ______
交 来：______
金额（大写）　拾　万　仟　佰　拾　元　角　分
¥ ______　☐ 现金　☐ 支票　☐ 信用卡　☐ 其他　收款单位（盖章）

第三联交财务

核准　　会计　　记账 陆梅　　出纳 苏朋　　经手人

22. 收到赔款。2007 年 1 与 5 日，收到福州开发区运输公司的赔款 1 193.40 元，当即开具收款收据。请编制收款凭证。

23. 转账支票——广告费。2007 年 1 月 5 日，在《厦门日报》刊登广告，费用 10 000.00 元，当即开具转账支票(见表 3-2-26)支付。

表 3-2-26

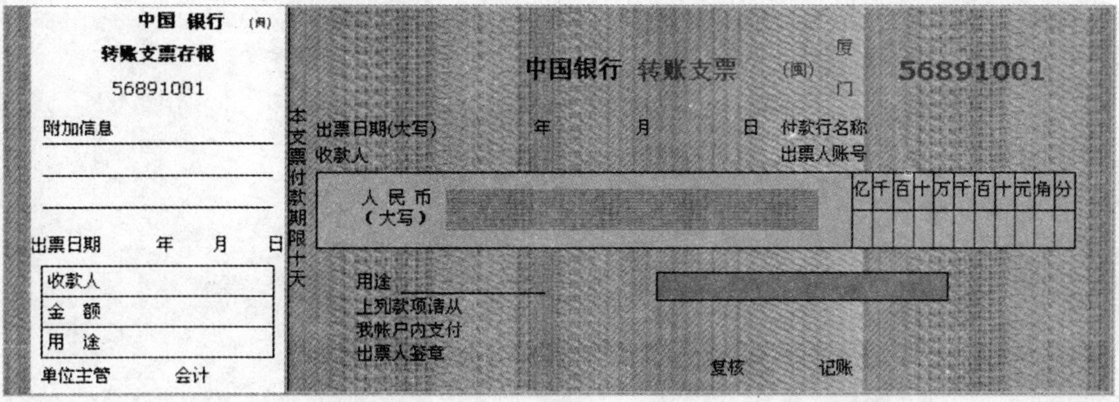
中国银行 (闽)
转账支票存根
56891001
附加信息
出票日期 年 月 日
收款人
金 额
用 途
单位主管 会计

中国银行 转账支票 (闽) 厦门 56891001
本支票付款期限十天
出票日期(大写) 年 月 日 付款行名称
收款人 出票人账号
人民币(大写)
亿 千 百 十 万 千 百 十 元 角 分
用途
上列款项请从
我帐户内支付
出票人签章
复核 记账

24. 支付广告费。2007 年 1 月 5 日，在《厦门日报》刊登广告，费用 10 000.00 元，当即开具转账支票支付。请根据转账支票存根(第 23 个实训)编制记账凭证。

25. 收料单(见表 3-2-27)的填制——验收入库。2007 年 1 月 6 日，向厦门昌盛油漆有限公司采购油漆，其中白色油漆 1 000 千克，含税单价 31 元/千克；黑色油漆 800 千克，含税单价 36 元/千克；棕色油漆 500 千克，含税单价 38 元/千克。油漆已办理入库，发票已收到，但款未付。

表 3-2-27

物资类别	

入　库　单　　N.o 0028501

年　月　日　　连续号

交来单位及部门		发票号码或生产单号码		验收仓库	第二仓库	入库日期	2007.1.6			
编号	名称及规格	单位	数量		实际价格		计划价格		价格差异	
			交库	实收	单价	金额	单价	金额		
										(一)存根
合　计										

财务部门主管　　记账　　保管部门主管　　验收　王世杰　　单位部门主管　　缴库　郭力

26. 采购业务。2007 年 1 月 6 日，向厦门昌盛油漆有限公司采购油漆，其中白色油漆 1 000 千克，含税单价 31 元/千克；黑色油漆 800 千克，含税单价 36 元/千克；棕色油漆 500 千克，单价 38 元/千克。油漆已办理入库，发票已收到，但款未付。根据上述资料及附列的发票和材料入库单，填制记账凭证。

增值税专用发票如表 3-2-28 所示。

表 3-2-28

3200063170　　**厦门 增值税专用发票**　　No 01831380

开票日期：2007 年 1 月 6 日

发票联

购货单位	名　称：厦门东方家具有限公司 纳税人识别号：350220060704115 地址、电话：厦门市兴山路89号 5665555 开户行及账号：中国银行厦门市分行营业部955660C			密码区			
货物或应税劳务名称	规格型号	单位	数量	单价	金额	税率	税额
油漆	白色	KG	1000.00	26.4957	26495.73	17%	4504.27
油漆	黑色	KG	800.00	30.7692	24615.38	17%	4184.62
油漆	棕色	KG	500.00	32.4786	16239.32	17%	2760.68
合计					67350.43		11449.57
价税合计（大写）	柒万捌仟捌佰元整			（小写） ¥78800.00			
销售单位	名　称：厦门昌盛油漆有限公司 纳税人识别号：356020642168720 地址、电话：厦门江头北区77号 5654497 开户行及账号：建行江头支行 955331464896401E			备注			

第二联：发票联 购货方记账凭证

厦门昌盛油漆有限公司 356020642168720 发票专用章

收款人：　　复核：　　开票人：龙榕　　销货单位（章）：

27. 转账支票(见表 3-2-29、表 3-2-30)的填写——工资。2007 年 1 月 6 日，用转账支票支付上月的工资 150 000.00 元。

表 3-2-29

中国银行 (闽)
转账支票存根
56891001
附加信息
出票日期　年　月　日
收款人
金　额
用　途
单位主管　　会计

中国银行 转账支票 (闽) 厦门　56891001
本支票付款期限十天
出票日期(大写)　年　月　日　付款行名称
收款人　出票人账号
人民币（大写）　亿 千 百 十 万 千 百 十 元 角 分
用途
上列款项请从
我帐户内支付
出票人签章　　复核　　记账

28. 付工资业务。2007 年 1 月 6 日，用转账支票支付上月的工资 150 000.00 元。请根据转账支票存根编制记账凭证。

表 3-2-30

附加信息:	被背书人	
	背书人签章 年 月 日	贴 粘 单 处

29. 借款单的填写——职工借款业务。2007 年 1 月 7 日，木工车间吴桐因工负伤，办公室孙瑶代借医药费 3 000.00 元。请编制借款单(见表 3-2-31)。

表 3-2-31

借　款　单

年　　月　　日　　　　　　　　　第22　　　号

借款部门		姓名		事由		
借款金额(大写)	万　仟　佰　拾　元　角　分 ¥					第三联、记账凭证
部 门 负责人 签 署		借款人 签 章		注意事项	一、凡借用公款必须使用本单 二、第三联为正式借据由借款人和单位负责人签章 三、出差返回后三天内结算	
单 位 领 导 批 示		审核意见				

30. 借款业务。2007 年 1 月 7 日，木工车间吴桐因工负伤，办公室孙瑶代借医药费 3 000.00 元。请根据借款单编制记账凭证。

31. 领料单(见表 3-2-32)——领料业务。2007 年 1 月 7 日，油漆车间领用油漆，其中白色油漆 800 千克、黑色油漆 600 千克、棕色油漆 300 千克。白色油漆和黑色油漆用于生产办公桌，棕色油漆用于生产会议桌。

表 3-2-32

领　料　单

0204109

领料部门:　　　　(三联式)

用　途:　　　　年　　月　　日　　　　字第 15　　号

材料			单位	数量		成本										材料账页	
						单价	总价										第二联：会计部门记账
编号	名称	规格		请领	实发		百	十	万	千	百	十	元	角	分		

主管:　　会计:　　记账:　　保管:　　发料:　　领料:

32. 生产领料。2007 年 1 月 7 日，油漆车间领用油漆，其中白色油漆 800 千克、黑色油漆 600 千克、棕色油漆 300 千克。白色油漆和黑色油漆用于生产办公桌，棕色油漆用于生产会议桌。请根据领料单编制记账凭证。

33. 机修车间领料。2007 年 1 月 7 日，机修车间领用酒精 50 千克用于搽洗机台，装配车间领用酒精 100 千克搽洗产品。领料单如表 3-2-33 所示。

表 3-2-33

领　料　单

0204109

领料部门：　　　　　　　　（三联式）　　　　　　字第 15　　　号

用　途：　　　　　　　　　年　　月　　日

材料			单位	数量		成本										材料账页
						单价	总价									
编号	名称	规格		请领	实发		百	十	万	千	百	十	元	角	分	

第二联：会计部门记账

主管：　　会计：　　记账：　　保管：　　发料：　　领料：

34. 辅助车间领料。2007 年 1 月 7 日，机修车间领用酒精 50 千克用于搽洗机台，装配车间领用酒精 100 千克搽洗产品。请根据领料单编制记账凭证。

35. 提现业务。

(1) 现金支票(见表 3-2-34、表 3-2-35)——提现备用。2007 年 1 月 7 日，开具现金支票，到银行提取备用金 10 000.00 元。

(2) 提现业务。2007 年 1 月 7 日，开具现金支票，到银行提取备用金 10 000.00 元。请根据现金支票存根(第 35(1)个实训)编制记账凭证。

表 3-2-34

中国 银行 (闽)

现金支票存根

56891001

附加信息

出票日期　　年　　月　　日

收款人	
金　额	
用　途	

单位主管　　会计

中国银行 现金支票　(闽)　厦门　56891001

本支票付款期限十天

出票日期(大写)　　年　　月　　日　付款行名称

收 款 人：　　出票人账号

人民币（大写）	亿	千	百	十	万	千	百	十	元	角	分

用途

上列款项请从

我帐户内支付

出票人签章

复核　　记账

表 3-2-35

附加信息：	收款人签章 年 月 日	贴粘单处
	身份证件名称：　　　　发证机关：	
	号码	

36. 报销业务。

(1) 报销单(见表 3-2-36)的填制——业务招待费。2007 年 1 月 7 日，销售部经理许飞报销业务招待费 3 500 元，用现金付讫。

(2) 付款——业务招待费。2007 年 1 月 7 日，销售部经理许飞报销业务招待费 3 500 元，用现金付讫。请根据报销单编制记账凭证(第 36(1)个实训)。

表 3-2-36

报　销　单

填报日期　　　　年　　月　　日

姓名		所属部门		报销形式：		
				支票号码		
报销项目			金 额	报销项目	金 额	
				以上单据共　　张 金额小计		
总金额（大写）　拾　万　仟　佰　拾　元　角　分				预 支 备用金额	应缴备用金额	

主管 李佳　　　会计 王志　　　出纳 孙朋　　　报销人

37. 2007 年 1 月 8 日，2005 年 10 月 8 日开给福建建瓯山林木材有限公司的银行承兑汇票 1 000 000.00 元到期，当日用银行存款支付。请根据背景资料编制记账凭证。

背景资料：如表 3-2-37、表 3-2-38 所示。

表 3-2-37

银行承兑汇票　　2

出票日期（大写）贰零零陆 年 壹拾 月 零捌 日

付款人	出票人全称	厦门东方家具有限公司	收款人	全称	福建建瓯山林木材有限公司
	出票人账号	9556600100264582		账号	95588013350144650
	付款行全称	中国银行厦门市分行营业部		开户银行	建瓯工行
出票金额		人民币（大写）壹佰万元整		亿 千 百 十 万 千 百 十 元 角 分	¥ 1 0 0 0 0 0 0 0 0
汇票到期日（大写）		贰零零柒年零壹月零捌日	付款行	行号	XX
承兑协议编号		CE20050154		地址	厦门市海天路23号
本汇票请你行承兑，到期后无条件付款。 厦门东方家具有限公司 财务专用章　李佳 出票人签章			本汇票已经承兑，到期日由本行付款 中国银行厦门市分行营业部 XX 汇票专用章 承兑行签章 承兑日期　年　月　日		
			备注：		复核　　记账

此联收款人开户行随托收凭证寄付款行作借方凭证附件

表 3-2-38

托收凭证 （付款通知）　5

委托日期 2007 年 1 月 4 日　　　付款期限 2007 年 1 月 8 日

业务类型	委托收款（☑ 邮划、☐ 电划） 托收承付（☐ 邮划、☐ 电划）					
付款人 全称	厦门东方家具有限公司			收款人 全称	福建建瓯山林木材有限公司	
付款人 账号	9556600100264582			收款人 账号	95588013350144650	
付款人 地址	福建 省 厦门 市/县	开户行	中国银行厦门市分	收款人 地址	福建 省 厦门 市/县	开户行 建瓯工行
金额	人民币（大写） 壹佰万元整				亿千百十万千百十元角分	￥100000000
款项内容	货款	托收凭据名称	银行承兑汇票	附寄单证张数	壹张	
商品发运情况	已发运		合同名称号码	3665441		
备注： 付款人开户银行收到日期 2007年 1 月 8 日 复核　　记账	中国银行厦门市分行营业部 xx 业务章 付款人开户银行签章 2007 年 1 月 8 日			付款人注意：1.根据支付人结算办法，上列委托收款（托收承付）款项在付款期限内未提出拒付，即视为同意付款，以次代付款通知。2.如需提出全部或部分拒付，应在规定期限内，将拒付理由书并附债务证明退交开户银行。		

此联付款人开户银行给付款人按期付款通知

38. 2007 年 1 月 8 日，郑凡报销差旅费（出差武汉），具体费用如下：来回飞机票 1 800 元，住宿费 1 000 元，市内交通费 348 元，其他费用 85 元，出差时间为 2007 年1月2 日～2007 年 1 月 6 日共 5 天，郑凡出差每天补助 100 元。郑凡出差借款 5 000 元，余款用现金交回。请根据差旅费报销单编制记账凭证。

差旅费报销单如表 3-2-39 所示。

表 3-2-39

差旅费报销单

服务部门			研发部				姓名	郑凡		出差天数	自 1 月 2 日至 1 月 6 日共 5 天			
出差事由			出差武汉							借旅支费	日期		金额￥ 5000.00	
											结算金额 ￥1267.00			
出发			到达			起地点	交通费	行李费	旅馆费	住勤费	途中伙食费	补贴	市内交通费	其他费用
月	日	时分	月	日	时分									
1	2	7:0	1	2	9:0	厦门--武汉	900.00		1000.00			500.00	348.00	85.00
1	6	19:	1	6	21:	武汉--厦门	900.00							
合计						零 万 叁 仟 柒 佰 叁 拾 叁 元 零 角 零 分 ￥ 3733.00								
主管	李佳					会计		出纳			报销人	郑凡		

39. 银行承兑汇票背书转让。2007 年 1 月 8 日，将厦门张氏家私有限公司开具的银行承兑汇票 500 000.00 元背书给福州宏发人造板有限公司以偿还欠款。

银行承兑汇票如表 3-2-40、表 3-2-41 所示。

40. 银行承兑汇票背书业务。2007 年 1 月 8 日，将厦门张氏家私有限公司开具的银行承兑汇票 500 000.00 元背书给福州宏发人造板有限公司以偿还欠款。请根据差旅费报销单编

制记账凭证。

表 3-2-40

银行承兑汇票2背面

注　意　事　项

一：收款人必须将本汇票和解讫通知同时交开户银行，两者缺一无效.
二：本汇票经背书可以转让.

被背书人	被背书人	被背书人
背书 年　月　日	背书 年　月　日	背书 年　月　日

表 3-2-41

银行承兑汇票　　2

出票日期
（大写）贰零零陆　年　壹拾贰　月　贰拾玖　日

付款人	出票人全称	厦门张氏家私有限公司	收款人	全称	厦门东方家具有限公司
	出票人账号	955590311046470		账号	9556600100264582
	付款行全称	交行杏林支		开户银行	中国银行厦门市分行营业部

出票金额	人民币（大写）	伍拾万元整	亿	千	百	十	万	千	百	十	元	角	分
					¥	5	0	0	0	0	0	0	0

汇票到期日（大写）	贰零零柒年零陆月贰拾玖日	付款行	行号	456
承兑协议编号			地址	厦门市杏林路89号

本汇票请你行承兑，到期后无条件付款。 厦门张氏家私有限公司 财务专用章 出票人签章 张秋连	本汇票已经承兑，到期日由本行付款 承兑行签章 承兑日期 2006年12月29日 备注： 杏林 456 汇票专用章	复核　记账

此联收款人开户行随托收凭证寄付款行作借方凭证附件

41. 领料单（见表 3-2-42）——生产领料。2007 年 1 月 9 日，木工车间领用普通胶合板 500 片用于生产普通办公椅，领用特种胶合板 60 片用于生产高档办公椅。

42. 2007 年 1 月 9 日，木工车间领用普通胶合板 500 片用于生产普通办公椅，领用特种胶合板 60 片用于生产高档办公椅。请根据领料单（第 41 个实训）编制记账凭证。

43. 2007 年 1 月 9 日，销售部报销“厦门国际家具节”展位费用 50 000.00 元，该展览由厦

门飞腾展览服务有限公司代理，收到其开具的服务业发票，款项用转账支票支付。该展览于2007年1月15日～2007年1月22日举行。

表 3-2-42

领　料　单

0204109

（三联式）

领料部门：　　　　字第 16　　号

用　途：　　　　年　　月　　日

材料			单位	数量		成本										材料账页
						单价	总价									
编号	名称	规格		请领	实发		百	十	万	千	百	十	元	角	分	

第二联：会计部门记账

主管：　　会计：　　记账：　　保管：王世杰　　发料：赵敏　　领料：廖汉文

转账支票存根如表 3-2-43 所示。

表 3-2-43

中国银行（闽）

转账支票存根

56891001

附加信息

出票日期　　年　　月　　日

收款人	
金　额	
用　途	

单位主管　　会计

44. 支付展览费。2007年1月9日，销售部报销“厦门国际家具节”展位费用50 000.00元，该展览由厦门飞腾展览服务有限公司代理，收到其开具的服务业发票，款项用转账支票支付。该展览于2007年1月15日～2007年1月22日举行。根据转账支票存根（第43个实训）编制记账凭证。

45. 维修费。2007年1月9日，木工车间一台木工设备出现故障，请维修商厦门大霸机械有限公司维修，维修费15 000元，用转账支票支付。转账支票存根如表3-2-44所示。

46. 付维修费。2007年1月9日，木工车间一台木工设备出现故障，请维修商厦门大霸机械有限公司维修，维修费15 000元，用转账支票支付。请根据转账支票存根（第45个实训）编制记账凭证。

47. 收到现金股利。2007年1月10日，收到“火炬科技”分派的现金股利1 000.00元，存入证券保证金账户。请作出记账凭证。

表 3-2-44

中国 银行 (闽)

转账支票存根

56891001

附加信息

出票日期　　年　　月　　日

收款人	
金　额	
用　途	

单位主管　　会计

证券公司营业部客户存款凭条如表 3-2-45 所示。

表 3-2-45

※※证券公司

※※营业部客户存款凭条

[存款]

流水号: 0102450　　2007 年 1 月 10 日

户名: 东方家具	资金账号: 200501311	委托人签名
存入金额: 1000.00	余额: 149725.00	
※※账户:		※※账户

操作员:　　复核员:

48. 收料单的填制——验收入库。2007 年 1 月 10 日，向福州宏发人造板有限公司采购的货物已经到货。其中特种胶合板 1 000 片，含税单价 580 元/片，普通胶合板 3 000 片，含税单价 230 元/片。另由其代垫运费 100 000.00 元，其中运费 80 000 元，装卸费 15 000.00 元，保险费 5 000.00 元。当即办理入库，并收到增值税发票和运费发票，款未付。

入库单如表 3-2-46 所示。

表 3-2-46

物资类别	

入　库　单　　N.o 0028501

年　　月　　日　　连续号56663

交来单位及部门			发票号码或生产单号码		验收仓库	第一仓库	入库日期	2006.1.10	
编号	名称及规格	单位	数量		实际价格		计划价格		价格差异
			交库	实收	单价	金额	单价	金额	
合计									

(二)记账联

财务部门主管　　记账　　保管部门主管　　验收 王世杰　　单位部门主管　　缴库 王薇

49. 采购业务。2007 年 1 月 10 日，向福州宏发人造板有限公司采购的货物已经到货。其中特种胶合板 1 000 片，含税单价 580 元/片，普通胶合板 3 000 片，含税单价 230 元/片。另由其代垫运费 100 000.00 元，其中运费 80 000 元，装卸费 15 000.00 元，保险费 5 000.00 元。当即办理入库，并收到增值税发票（见表 3-2-47）和运费（见表 3-2-48）发票，款未付。根据上述资料及附列的发票和材料入库单（第 48 个实训），填制记账凭证。

表 3-2-47

3200063170　　**福建省 增值税专用发票**　　No 01831380

开票日期：2007 年 1 月 10 日

发票联

购货单位	名　称：厦门东方家具有限公司 纳税人识别号：350220060704115 地址、电话：厦门市兴山路89号 5665555 开户行及账号：中国银行厦门市分行营业部955660(	密码区	

货物或应税劳务名称	规格型号	单位	数量	单价	金额	税率	税额
特种胶合板		片	1000.00	495.7265	495726.50	17%	84273.50
普通胶合板		片	3000.00	196.5812	589743.59	17%	100256.41
合计					1085470.09		184529.91
价税合计（大写）	壹佰贰拾柒万元整			（小写）	¥1270000.00		

销售单位	名　称：福州宏发人造板有限公司 纳税人识别号：350101321565401 地址、电话：福州开发区 2154646 开户行及账号：兴行开发区支行955610121335656	备注	福州宏发人造板有限公司 350101321565401 发票专用章

收款人：　　复核：　　开票人：钱玲　　销货单位（章）：

第二联：发票联 购货方记账凭证

50. 缴纳税费。2007 年 1 月 10 日，缴交上月的各项税金，其中代交个人所得税 16 500.00 元（见表 3-2-49），交社会保险费 30 000.00 元（见表 3-2-50），交企业所得税 23 118.68 元（见表 3-2-51）。

51. 房租费。

表 3-2-48

公路、运河货物运输业统一发票

发票联

开票日期：2006-01-10

发票代码：231130002540
发票号码：01705420

机打代码 机打号码 机器编号	231130002540 01705420		税控码		
收货人及纳税人识别号	厦门东方家具有限公司 350220060704115		承运人及纳税人识别号	福州开发区运输公司 350101321567190	
发货人及纳税人识别号	福州宏发人造板有限公司 350101321565401		主管税务机关及代码	福州开发区地税局 3602450	
运输项目及金额	货物名称 数/重量 单位运价 计费 金额	板材 4000 ￥20.00 ￥80000.00	其它项目及金额	装卸费 ￥15000 仓储费 ￥0 保险费 ￥5000 印花税 ￥0 其他 ￥0	备注： 起运地：福州 到达地：厦门
运费小计	￥80000.00		其他费用小计	￥20000.00	
合计（大写）	壹拾万元整			（小写）￥100000.00	

承运人盖章（福州开发区运输公司 350101321567190 发票专用章）　　开票人 文新

第二联、发票联　付款方记账凭证

手写无效

表 3-2-49

中华人民共和国
个人所得税　税收缴款书

隶属关系：有限公司　　第 12 号　　地
注册类型：其他制造业　　填发日期：2007 年 1 月 10 日
征收机关：厦门湖里地税局

缴款单位（人）	代号	3 5 0 2 2 0 0　电话	预算科目	编码	00221220
	全称	厦门东方家具有限公司		名称	有限公司个人所得税
	开户银行	中国银行厦门市分行营业部		级次	地方级
	账号	9556600100264582		收款国库	厦门国库
税款所属日期 2006 年 12 月 1 日至 12 月 31 日			税款限缴日期 2007 年 1 月 15 日		

品目名称	课税数量	计税金额或销售收入	税率或单位税额	已缴或扣除额	亿	千	百	十	万	千	百	十	元	角	分
个人所得税		330000.00	5%						1	6	5	0	0	0	0

人民币合计（大写）零仟 零佰 零拾 壹万 陆仟 伍佰 零拾 零元 零角 零分

缴款单位(人)（盖章） 经办人(章) （厦门东方家具有限公司 财务专用章）	税务机关（盖章） （厦门湖里地税局 征税专用章）	上列款项已收妥并划转收款单位账户 （中国银行厦门市分行营业部 收讫章） 国库(银行)盖章 2006 年 1 月 10 日	备注：

（无银行收讫章无效）　　逾期不缴按税法规定加收滞纳金

第一联（收据）国库经收处收款盖章后退缴款单位（人）作完税凭证也是申报纳税留存依据

表 3-2-50

中华人民共和国
税收缴款书

隶属关系：有限公司　　　　　　　　　　　　　　　　第 0215 号　　地

注册类型：其他制造业　　填发日期：2007 年 1 月 10 日

征收机关：厦门湖里地税局

缴款单位（人）	代　号	3502200　　电话	预算科目	编码	002144001
	全　称	厦门东方家具有限公司		名称	有限公司社会保险费
	开户银行	中国银行厦门市分行营业部		级次	区属
	账　号	9556600100264582		收款国库	厦门国库

税款所属日期 2006 年 12 月 1 日至 12 月 31 日　　税款限缴日期 2007 年 1 月 15 日

品目名称	课税数量	计税金额或销售收入	税率或单位税额	已缴或扣除额	亿	千	百	十	万	千	百	十	元	角	分
社会保险费									3	0	0	0	0	0	0
人民币合计(大写) 零仟零佰零拾叁万零仟零佰零拾零元零角零分								¥	3	0	0	0	0	0	0

缴款单位(人)(盖章) 经办人(章)	税务机关(盖章)	上列款项已收妥并划转收款单位账户 国库(银行)盖章 2007 年 1 月 10 日	备注：

（无银行收讫章无效）　　逾期不缴按税法规定加收滞纳金

第一联（收据）国库经收处收款盖章后退缴款单位（人）作完税凭证也是申报纳税留存依据

表 3-2-51

中华人民共和国
企业所得税 税收缴款书

隶属关系：有限公司　　　　　　　　　　　　　　　　第 0365 号　　国

注册类型：其他制造业　　填发日期：2007 年 1 月 10 日

征收机关：厦门湖里国税局

缴款单位（人）	代　号	3502200　　电话	预算科目	编码	01011221
	全　称	厦门东方家具有限公司		名称	有限公司企业所得税
	开户银行	中国银行厦门市分行营业部		级次	国家级
	账　号	9556600100264582		收款国库	厦门国库

税款所属日期 2006 年 12 月 1 日至 12 月 31 日　　税款限缴日期 2007 年 1 月 15 日

品目名称	课税数量	计税金额或销售收入	税率或单位税额	已缴或扣除额	亿	千	百	十	万	千	百	十	元	角	分
企业所得税		154124.53	15%						2	3	1	1	8	6	8
人民币合计(大写) 零仟零佰零拾贰万叁仟壹佰壹拾捌元陆角捌分								¥	2	3	1	1	8	6	8

缴款单位(人)(盖章) 经办人(章)	税务机关(盖章)	上列款项已收妥并划转收款单位账户 国库(银行)盖章 2007 年 1 月 10 日	备注：

厦门东方家具有限公司 财务专用章　　厦门湖里国税局 征税专用章

（无银行收讫章无效）　　逾期不缴按税法规定加收滞纳金

第一联（收据）国库经收处收款盖章后退缴款单位（人）作完税凭证也是申报纳税留存依据

(1) 2007 年 1 月 11 日，收到厦门兴山物业有限公司的房屋租赁费发票，标注 2007 年 1 月～2007 年3 月的房租费共 450 000.00 元，当即用银行存款支付。转账支票存根如表 3-2-52所示。

表 3-2-52

中国 银行 (闽)

转账支票存根

56891001

附加信息

出票日期 年 月 日

收款人	
金 额	
用 途	

单位主管 会计

(2) 付房租费。2007 年 1 月 11 日，收到厦门兴山物业有限公司的房屋租赁费发票，标注 2007 年 1 月～2007 年 3 月的房租费共 450 000.00 元，当即用银行存款支付。

房租费为每月 5 元/平方米，公司共租用 30 000.00 平方米，其中木工车间 6 000 平方米，油漆车间 4 000 平方米，装配车间 4 000 平方米，销售部门 1 000 平方米，其他为仓库和办公使用。

请根据转账支票存根(第 51(1)个实训)、发票(见表 3-2-53)和房租费摊销表(见表 3-2-54)填制记账凭证。

表 3-2-53

地税字

厦门 市房地产业专用发票

0112

发票联

单位：厦门东方家具有限公司　　　　开票日期2007 年1 月11日

项目	单位	数量	单价	金额										
				千	百	十	万	千	百	十	元	角	分	第二联
房租费(1-3月)	平方米	30000	15.00			4	5	0	0	0	0	0	0	
														发票联
合计人民币(大写)	零百肆拾伍万零仟零佰零拾零元零角零分				¥	4	5	0	0	0	0	0	0	

地址：　电话：　开票：贺春　收款：　单位(盖章)

表 3-2-54

通用计算表1

单位：元

木工车间分摊房租费=	90000.00
油漆车间分摊房租费=	60000.00
装配车间分摊房租费=	60000.00
销售部门分摊房租费=	15000.00
仓库和办公使用分摊房租费=	225000.00
合计	450000.00

52. 委托代销业务。

(1) 销售发货通知单(见表 3-2-55)——委托代销业务。2007 年 1 月 11 日，发出黑色办公桌 1 500 张、普通办公椅 1 500 把到广东潮州华美家具城有限公司，委托其代销。委托代销合同规定：华美家具城按公司确定的价格销售，其中办公桌含税销售单价 550 元/张，普通办公椅含税销售单价 210 元/把；公司每月 28 日与华美家具城结算一次，并按 5%支付代销手续费，由华美家具城在付款时直接扣除。

表 3-2-55

销售发货通知单

编号：

购货单位名称：		地址电话：	
税　　号：		开户行及账号：	
货物名称	数量	单价	金额
合计	大写：	小写：	
结算方式：		合同号：	
备注：	每月28日结算一次，按5%支付代销手续费		

总经理：　李佳　　财务经理：　王志　　业务经理：许飞　　业务员：游奇伟

开票资料：

单位名称：广东潮州华美家具城有限公司。

税号：478036421000452。

地址、电话：潮州中山路 9 号，7012465。

开户行及账号：工行中山分理处，955880321045780。

(2) 出库单——委托代销业务。请根据销售发货通知单(第 52(1)个实训)编制出库单(见表 3-2-56)。

表 3-2-56

物资类别	

出　库　单　　N.o 0013152

年　月　日　　连续号266

提货单位或领货部门		发票号码或生产单号码		发出仓库	第一仓库	出库日期	2007.1.11

编号	名称及规格	单位	数量		单价	金额	备注
			要数	实发			
合计							

(二)记账联

财会部门主管　　记账　　保管部门主管　　发货 叶芹　　单位部门主管　　制单 雷鸣

53. 销售领用包装物。

(1) 领料单(见表 3-2-57)——销售领用包装物。2007 年 1 月 11 日，领用塑料包装纸 350 件，用于包装发送至华美家具城的办公桌、椅。

表 3-2-57

领　料　单

0204109

领料部门：　　(三联式)　　字第 36　号

用　途：　　年　月　日

材料			单位	数量		成本										材料账页
						单价	总价									
编号	名称	规格		请领	实发		百	十	万	千	百	十	元	角	分	

第二联：会计部门记账

主管：　　会计：　　记账：　　保管：王世杰　　发料：赵敏　　领料：游奇伟

(2) 销售领用包装物。2007 年 1 月 11 日，领用塑料包装纸 350 件，用于包装发送至华美家具城的办公桌、椅。

54. 运费业务。

(1) 运费。2007 年 1 月 12 日，转账支付厦门白鹭运输有限公司运送办公桌椅至潮州华美家具城的运费 50 000.00 元，收到运费发票。转账支票存根如表 3-2-58 所示。

表 3-2-58

中国 银行 (闽)

转账支票存根

56891001

附加信息

出票日期　　年　　月　　日

收款人	
金　额	
用　途	

单位主管　　　会计

(2) 付运费。2007 年 1 月 12 日，转账支付厦门白鹭运输有限公司运送办公桌、椅至潮州华美家具城的运费 50 000.00 元，收到运费发票(见表 3-2-59)。请根据发票和转账支票存根(第 54(1)个实训)编制记账凭证。

表 3-2-59

公路、运河货物运输业统一发票

发票联

发票代码：233020510301

开票日期：2007.01.11　　　　发票号码：00492361

机打代码 机打号码 机器编号	233020510301 00492361	税控码	
收货人及纳税人识别号	广东潮州华美家具城有限公司 478036421000452	承运人及纳税人识别号	厦门白鹭运输有限公司 35020670154X186
发货人及纳税人识别号	厦门东方家具有限公司 350220060704115	主管税务机关及代码	厦门市湖滨地方税务局 3601245
运输项目及金额	货物名称　办公桌椅 数/重量　3000 单位运价　15 计费　件 金额　45000.00	其它项目及金额	装卸费　¥2500.00 仓储费　¥0 保险费　¥2500.00 印花税　¥0 其他　¥0 备注： 起运地：厦门 到达地：潮州
运费小计	¥45000.00	其他费用小计	¥5000.00
合计(大写)	伍万元整		(小写) ¥50000.00

第二联、发票联　付款方记账凭证

手写无效

承运人盖章　厦门白鹭运输有限公司 35020670154X186 发票专用章　　开票人 马华

55. 入库单——完工产品入库。

(1) 2007 年 1 月 12 日，装配车间办理入库手续，其中白色办公桌 348 张，黑色办公桌 240 张，棕色会议桌 45 张。入库单如表 3-2-60 所示。

表 3-2-60

物资类别	

入　库　单　　N.o 0028501

年　月　日　　连续号6522

交来单位及部门		发票号码或生产单号码		验收仓库	第一仓库	入库日期	2007.1.12

编号	名称及规格	单位	数量		实际价格		计划价格		价格差异
			交库	实收	单价	金额	单价	金额	
合　计									

(三)记账联

财务部门主管　　记账　　保管部门主管　　验收 叶芹　　单位部门主管　　缴库 董如

(2) 2007 年 1 月 12 日，装配车间办理入库手续，普通办公椅 760 把，高档办公椅 120 把。入库单如表 3-2-61 所示。

表 3-2-61

物资类别	

入　库　单　　N.o 0028501

年　月　日　　连续号6523

交来单位及部门		发票号码或生产单号码		验收仓库	第一仓库	入库日期	2007.1.12

编号	名称及规格	单位	数量		实际价格		计划价格		价格差异
			交库	实收	单价	金额	单价	金额	
合　计									

(三)记账联

财务部门主管　　记账　　保管部门主管　　验收 叶芹　　单位部门主管　　缴库 董如

56. 报销单——报销医药费。

(1) 2007 年 1 月 13 日，孙瑶报销木工车间吴桐因工受伤医药费 3 945.20 元，冲减前期借款，余款用现金支付。报销单如表 3-2-62 所示。

表 3-2-62

报　销　单

填报日期　　年　月　日

姓名		所属部门		报销形式：	
				支票号码	
报销项目		金额	报销项目		金额
			以上单据共 壹 张 金额小计		
总金额（大写）	拾　万　仟　佰　拾　元　角　分		预支备用金额		应缴备用金额

主管 李佳　　会计 王志　　出纳 孙朋　　报销人

（2）付报销医疗费。2007 年 1 月 13 日，孙瑶报销木工车间吴桐因工受伤医药费 3 945.20 元，冲减前期借款，余款用现金支付。请根据报销单（第 56（1）个实训）编制支付现金时的记账凭证。

（3）报销医药费。2007 年 1 月 13 日，孙瑶报销木工车间吴桐因工受伤医药费 3 945.20 元，冲减前期借款，余款用现金支付。请根据报销单（第 56（1）个实训）编制冲减前期借款时的记账凭证。

57. 收到货款。2007 年 1 月 13 日，收到厦门唐门家具有限公司的货款 400 000.00 元。进账单如表 3-2-63 所示。

表 3-2-63

（　　中国银行）进账单(收账通知)　　　3

2007　年1　月13 日

付款人	全称	厦门唐门家具有限公司	收款人	全称	厦门东方家具有限公司
	账号	9556631664400164		账号	9556600100264582
	开户行	中行大唐支行		开户行	中国银行厦门市分行营业部
金额	人民币(大写) 肆拾万元整				亿 千 百 十 万 千 百 十 元 角 分 ¥ 4 0 0 0 0 0 0 0
票据种类		转账支票	中国银行厦门市分行营业部 转讫章		
票据张数		1			
复核　　记账			收款人开户银行签章		

此联是收款人开户银行交给收款人的收账凭证

58. 销售发货通知单——委托收款销售。

（1）2007 年 1 月 14 日，销售广州超越家具有限公司白色办公桌 1 200 张，含税单价 528 元/张；普通办公椅 1 200 把，含税单价 198 元/把。货当日发出，另代垫运费 55 000 元，用转账支票支付。货款采用委托收款方式结算，当日开具发票并办妥托收手续，托收手续费为 50 元，其中邮电费 25 元，手续费 25 元。

开票资料：

单位名称：广州超越家具有限公司。

税号：467901266440453。

地址、电话：广州市天河开发区，52016405。

开户行及账号：工行天河支行，95588654687244510。

请根据上述资料编制销售发货通知单（见表 3-2-64）。

表 3-2-64

销售发货通知单

编号：

购货单位名称：		地址电话：	
税　　号：		开户行及账号：	
货物名称	数量	单价	金额
合计	大写：	小写：	
结算方式：		合同号：	XS200601004
备注：			

总经理：　李佳　　　财务经理：　王志　　　业务经理：许飞　　　业务员：游奇伟

(2) 出库单——委托收款销售。根据第 58(1)个实训编制出库单(见表 3-2-65)。

表 3-2-65

物资类别	

出　库　单

N.o 0013152

年　　月　　日　　　连续号655

提货单位或领货部门			发票号码或生产单号码		发出仓库	第一仓库	出库日期	2007.1.14
编　号	名称及规格	单位	数量 要数	数量 实发	单价	金额	备注	
合　　计								

(二)记账联

财会部门主管　　记账　　保管部门主管　　发货 xxx　　单位部门主管　　制单 xx

(3) 转账支票——支付运费。2007 年 1 月 14 日，销售广州超越家具有限公司白色办公桌 1 200 张，单价含税 528 元/张，普通办公椅 1 200 把，单价 198 元/把。货当日发出，另代垫运费 55 000 元，用转账支票支付。货款采用委托收款方式结算，当日开具发票并办妥托收手续，托收手续费为 50 元，其中邮电费 25 元，手续费 25 元。

开票资料：

单位名称：广州超越家具有限公司。

税号：467901266440453。

地址、电话：广州市天河开发区，52016405。

开户行及账号：工行天河支行，95588654687244510。

请开具转账支票支付运费，转账支票存根如表 3-2-66 所示。

表 3-2-66

中国银行 (闽)

转账支票存根

56891001

附加信息

出票日期　　年　　月　　日

收款人	
金　额	
用　途	

单位主管　　　　会计

（4）增值税专用发票——销售开具发票。2007 年 1 月 14 日，销售广州超越家具有限公司白色办公桌 1 200 张，单价 528 元/张，普通办公椅 1 200 把，单价 198 元/把。货当日发出，另代垫运费 55 000 元，用转账支票支付。货款采用委托收款方式结算，当日开具发票并办妥托收手续，托收手续费为 50 元，其中邮电费 25 元，手续费 25 元。

开票资料：

单位名称：广州超越家具有限公司。

税号：467901266440453。

地址、电话：广州市天河开发区，52016405。

开户行及账号：工行天河支行，95588654687244510。

请开具发票，增值税发票如表 3-2-67 所示。

表 3-2-67

3200063170　　　　厦门 增值税专用发票　　　　No 01831380

开票日期：　　年　　月　　日

记账联

购货单位	名　称： 纳税人识别号： 地址、电话： 开户行及账号：			密码区			
货物或应税劳务名称	规格型号	单位	数量	单价	金额	税率	税额
合计							
价税合计（大写）				（小写）			
销售单位	名　称： 纳税人识别号： 地址、电话： 开户行及账号：			备注			

第三联：记账联　销货方记账凭证

收款人：　　　　复核：　　　　开票人：陆梅　　　　销货单位（章）：

(5) 托收凭证——委托收款销售。2007 年 1 月 14 日，销售广州超越家具有限公司白色办公桌 1 200 张，单价 528 元/张，普通办公椅 1 200 把，单价 198 元/把。货当日发出，另代垫运费 55 000 元，用转账支票支付。货款采用委托收款方式结算，当日开具发票并办妥托收手续，托收手续费为 50 元，其中邮电费 25 元，手续费 25 元。

开票资料：

单位名称：广州超越家具有限公司。

税号：467901266440453。

地址、电话：广州市天河开发区，52016405。

开户行及账号：工行天河支行，95588654687244510。

请根据发票（第 58(4) 个实训）办理委托收款凭证（委邮）（见表 3-2-68）。

表 3-2-68

托收凭证 （受理回单） **1**

委托日期 年 月 日

业务类型	委托收款（□邮划、□电划） 托收承付（□邮划、□电划）							
付款人	全称			收款人	全称			
	账号				账号			
	地址	省 市县	开户行		地址	省 市县	开户行	
金额	人民币（大写）					亿 千 百 十 万 千 百 十 元 角 分		
款项内容		托收凭据名称		附寄单证张数				
商品发运情况	已发运			合同名称号码	744444			
备注： 复核 记账		款项收妥日期 年 月 日		收款人开户银行签章 年 月 日				

此联作收款人开户银行给收款人的受理回单

(6) 银行结算收费单（见表 3-2-69）——委托收款手续费。2007 年 1 月 14 日，销售广州超越家具有限公司白色办公桌 1 200 张，单价 528 元/张，普通办公椅 1 200 把，单价 198 元/把。货当日发出，另代垫运费 55 000 元，用转账支票支付。货款采用委托收款方式结算，当日开具发票并办妥托收手续，托收手续费为 50 元，其中邮电费 25 元，手续费 25 元。

(7) 委托收款销售。2007 年 1 月 14 日，销售广州超越家具有限公司白色办公桌 1 200 张，单价 528 元/张，普通办公椅 1 200 把，单价 198 元/把。货当日发出，另代垫运费 55 000 元，用转账支票支付。货款采用委托收款方式结算，当日开具发票并办妥托收手续，托收手续费为 50 元，其中邮电费 25 元，手续费 25 元。

根据销售发货通知单、销售发票编制记账凭证（主营业务收入进行明细核算）。

表 3-2-69

中国 银行结算收费单

总字第　　号
字第　　号

单位名称　　　　　　　　　　　　账号　　　　　　　　　　　　年　　月　　日

结算种类	邮电费	金额						手续费	金额					
		千	百	十	元	角	分		千	百	十	元	角	分
汇票(兑)	信(电)　　笔							笔						
委托收款	邮(电)　　笔							笔						
	笔							笔						
	笔							笔						
	小　　计													
合计金额	大写:													
上列款项,请从我单位账户支付. 付款单位　　　　（经手人）签章		会计分类	借: 贷:邮电费收入户　贷:手续费收入户 复核　　　记账											

此联作为结算单位付款凭证

(8) 委托收款手续费。2007 年 1 月 13 日,销售广州超越家具有限公司白色办公桌 1 200 张,单价 528 元/张,普通办公椅 1 200 把,单价 198 元/把。货当日发出,另代垫运费 55 000 元,用转账支票支付。货款采用委托收款方式结算,当日开具发票并办妥托收手续,托收手续费为 50 元,其中邮电费 25 元,手续费 25 元。根据银行收费单,填制记账凭证。

60. 应付票据业务。

(1) 转账支票——保证金。2007 年 1 月 14 日,向中行申请开具银行承兑汇票 1 000 000.00 万元,付福州宏发人造板有限公司货款。与中行签订的银行承兑汇票协议上注明保证金比例为 30%,期限为 3 个月。当日用银行存款支付保证金及手续费,并收到银行签发的银行承兑汇票邮寄给福州福州宏发人造板有限公司。填写转保证金 30 万的转账支票,转账支票存根如表 3-2-70 所示。

表 3-2-70

中国 银行 (闽)

转账支票存根

56891001

附加信息

出票日期　　年　　月　　日

收款人	
金　额	
用　途	

单位主管　　会计

(2) 银行承兑汇票。2007 年 1 月 14 日,向中行申请开具银行承兑汇票 1 000 000.00 元,付福州宏发人造板有限公司货款。与中行签订的银行承兑汇票协议上注明保证金比例为 30%,期限为 3 个月。当日用银行存款支付保证金及手续费,并收到银行签发的银行承兑汇票(见表 3-2-71～表 3-2-74),邮寄给福州宏发人造板有限公司。

表 3-2-71

银行承兑汇票（卡片）　　1

汇票号码 XX0325586

出票日期
（大写）　　　　年　　　　月　　　　日

付款人	出票人全称		收款人	全称	
	出票人账号			账号	
	付款行全称			开户银行	

出票金额	人民币（大写）	亿	千	百	十	万	千	百	十	元	角	分

汇票到期日（大写）		付款行	行号	
承兑协议编号			地址	

本汇票请你行承兑，此项汇票款我单位按承兑协议于到期前足额交存你行，到期请予支付。 出票人签章	备注：	复核　　　记账

此联承兑行留存备查，到期支付票款时作借方凭证附件

表 3-2-72

银行承兑汇票　　2

出票日期
（大写）　　　　年　　　　月　　　　日

付款人	出票人全称		收款人	全称	
	出票人账号			账号	
	付款行全称			开户银行	

出票金额	人民币（大写）	亿	千	百	十	万	千	百	十	元	角	分

汇票到期日（大写）		付款行	行号	
承兑协议编号			地址	

本汇票请你行承兑，到期后无条件付款。 出票人签章	本汇票已经承兑，到期日由本行付款 承兑行签章 承兑日期　　年　　月　　日 备注：	复核　　　记账

此联收款人开户行随托收凭证寄付款行作借方凭证附件

表 3-2-73

银行承兑汇票(存根) 3

汇票号码 XX0325586

出票日期（大写） 年 月 日

付款人	出票人全称		收款人	全称	
	出票人账号			账号	
	付款行全称			开户银行	
出票金额	人民币（大写）				亿 千 百 十 万 千 百 十 元 角 分
汇票到期日（大写）			付款行	行号	
承兑协议编号				地址	
		备注：			

此联由出票人存查

表 3-2-74

银行承兑汇票2背面

注 意 事 项

一：收款人必须将本汇票和解讫通知同时交开户银行，两者缺一无效.

二：本汇票经背书可以转让.

被背书人	被背书人	被背书人
背书 年 月 日	背书 年 月 日	背书 年 月 日

公司资料：

收款人：福州宏发人造板有限公司。

账号：9556101213356564。

开户银行：兴行开发区支行。

承兑协议编号：ZH015564。

(3) 付保证金。2007 年 1 月 14 日，向中行申请开具银行承兑汇票 1 000 000.00 元，付福州宏发人造板有限公司货款。与中行签订的银行承兑汇票协议上注明保证金比例为 30%，期

限为 3 个月。当日用银行存款支付保证金及手续费，并收到银行签发的银行承兑汇票，邮寄给福州福州宏发人造板有限公司。

根据转保证金的转账支票存根(第 60(1)个实训)填制记账凭证。

(4) 付手续费(见表 3-2-75、表 3-2-76)。2007 年 1 月 14 日，向中行申请开具银行承兑汇票1 000 000.00 元，付福州宏发人造板有限公司货款。与中行签订的银行承兑汇票协议上注明保证金比例为 30%，期限为 3 个月。当日用银行存款支付保证金及手续费，手续费率为 0.05%，并收到银行签发的银行承兑汇票，邮寄给福州福州宏发人造板有限公司。根据手续费收费单(第 60(3)个实训)填制付款凭证。

表 3-2-75

中国 银行 (闽)

转账支票存根

56891001

附加信息

出票日期　　年　　月　　日

收款人	
金　额	
用　途	

单位主管　　　　会计

表 3-2-76

中国 银行结算收费单

总字第	号
字第	号

单位名称　　　　　　　　　　账号　　　　　　　　　　年　　月　　日

结算种类	邮电费	金额						手续费	金额					
		千	百	十	元	角	分		千	百	十	元	角	分
汇票(兑)	信(电)　　笔							笔						
委托收款	邮(电)　　笔							笔						
	笔							笔						
	笔							笔						
	小　　计													
合计金额	大写:													

上列款项,请从我单位账户支付. 付款单位　　　　(经手人)签章	会计分类	借: 贷:邮电费收入户　贷:手续费收入户 复核　　　　记账

此联作为结算单位付款凭证

(5) 申请签发银行承兑汇票。2007 年 1 月 14 日，向中行申请开具银行承兑汇票 1 000 000.00 元，付福州宏发人造板有限公司货款。与中行签订的银行承兑汇票协议上注明

保证金比例为30%，期限为3个月。当日用银行存款支付保证金及手续费，并收到银行签发的银行承兑汇票，邮寄给福州福州宏发人造板有限公司。

根据银行承兑汇票(卡片)(第60(2)个实训)支付货款填制记账凭证。

61. 低值易耗品核算。

(1) 转账支票——货款。2007年1月15日，向厦门大利劳保商店购买口罩1 000个，单价3元/个，收到普通发票，款项用转账支票支付。转账支票存根如表3-2-77所示。

表 3-2-77

中国银行 (闽)

转账支票存根

56891001

附加信息

出票日期　　年　　月　　日

收款人	
金　额	
用　途	

单位主管　　会计

(2) 入库单(见表3-2-78)。2007年1月15日，向厦门大利劳保商店购买口罩1 000个，单价3元/个，收到普通发票，款项用转账支票支付。

表 3-2-78

物资类别	

入　库　单　　N.o 0028501

年　　月　　日　　连续号

交来单位及部门	厦门大利劳保商店	发票号码或生产单号码		验收仓库	第二仓库	入库日期	2007.1.15

编号	名称及规格	单位	数量		实际价格		计划价格		价格差异
			交库	实收	单价	金额	单价	金额	
合计									

(三)记账联

财务部门主管 xxx　记账 xx　保管部门主管 xx　验收 xx　单位部门主管 xx　缴库 xx

(3) 付购买低值易耗品。2007年1月15日，向厦门大利劳保商店购买口罩1 000个，单价3元/个，收到普通发票，款项用转账支票支付。

请根据转账支票存根(第61(1)个实训)、入库单(第61(2)个实训)和发票编制记账凭证。

(4) 领料单——领用低值易耗品。2007年1月15日，每人发放一套工作服(办公室5套、财务部4套、采购部2套、销售部4套、研发部3套、生产部2套、物料部3套、木工车间6套、油漆车间3套、装配车间6套、机修车间3套)。木工车间和油漆车间各领用口罩100个。

根据上述资料，汇总填制领用工作服的领料单(见表3-2-79)。

表 3-2-79

领　料　单

0204109

领料部门：各部门　　　　　　（三联式）　　　　　　字第　　　　号

用　途：公司各部门每人一套　　　　年　　月　　日

材料			单位	数量		成本										材料账页
						单价	总价									
编号	名称	规格		请领	实发		百	十	万	千	百	十	元	角	分	

第二联：会计部门记账

主管：　　会计：　　记账：　　保管：王世杰　　发料：赵敏　　领料：

(5) 领料单——领用低值易耗品。2007 年 1 月 15 日，每人发放一套工作服(办公室 5 套、财务部 4 套、采购部 2 套、销售部 4 套、研发部 3 套、生产部 2 套、物料部 3 套、木工车间 6 套、油漆车间 3 套、装配车间 6 套、机修车间 3 套)。木工车间和油漆车间各领用口罩 100 个。

根据上述资料，填制领用口罩的领料单(见表 3-2-80)。

表 3-2-80

领　料　单

0204109

领料部门：木工车间/油漆车间　　　　（三联式）　　　　字第　　　　号

用　途：木工车间100个，油漆车间100个　　　年　　月　　日

材料			单位	数量		成本										材料账页
						单价	总价									
编号	名称	规格		请领	实发		百	十	万	千	百	十	元	角	分	

第二联：会计部门记账

主管：　　会计：　　记账：　　保管：　　发料：　　领料：

(6) 领用低值易耗品。2007 年 1 月 15 日，每人发放一套工作服(办公室 5 套、财务部 4 套、采购部 2 套、销售部 4 套、研发部 3 套、生产部 2 套、物料部 3 套、木工车间 6 套、油漆车间 3 套、装配车间 6 套、机修车间 3 套)。木工车间和油漆车间各领用口罩 100 个。

请根据领料单(第 61(4)、61(5)个实训)编制记账凭证。

62. 贷款(见表 3-2-81)。2007 年 1 月 16 日，当日与中行签订贷款合同，向中行借款 100 万元，期限为 2 年，年利率 6.03%，利息按季支付，款项当日到账。

63. 固定资产报废单(见表 3-2-82)——轿车被盗。

表3-2-79

领 料 单

（三联式）

0204109

领料部门：各部门　　　　　　　　　　字第　　号

用　途：公司各部门领入一套　　　年　月　日

材料			单位	数量		单价	金额								材料账页
编号	名称	规格		请领	实发		百	十	万	千	百	十	元	角	分

主管　　会计　　记账　　保管　　发料　　领料

（5）领料单——领用低值易耗品。2007年1月15日，由人力资源部发放一套工作服（办公室[illegible]套，财务部4套，采购部2套，销售部1套，研发部3套，生产部[illegible]套，物料部3套，木工车间6套，油漆车间3套，装配车间6套，机修车间3套）。木工车间和油漆车间各领用口罩100个。

根据上述资料，填制领用口罩的领料单（见表3-2-80）。

表3-2-80

领 料 单

（三联式）

0204109

领料部门：木工车间/油漆车间　　　　　　字第　　号

用　途：木工车间100个，油漆车间100个　　年　月　日

材料			单位	数量		单价	金额								材料账页
编号	名称	规格		请领	实发		百	十	万	千	百	十	元	角	分

主管　　会计　　记账　　保管　　发料　　领料

（6）领用低值易耗品。2007年1月15日，[illegible]发放一套工作服（办公室5套，财务部4套，采购部2套，销售部1套，研发部3套，生产部[illegible]套，物料部3套，木工车间6套，油漆车间3套，装配车间6套，机修车间6套）。木工车间和油漆车间各领用口罩100个。

请根据领料单（第61(1)、61(3)个实训）编制记账凭证。

62. 贷款（见表3-2-81）。2007年1月16日，与[illegible]行签订贷款合同，向[illegible]行借款100万元，期限为2年，年利率6.08%，印花税等其他费用当日到账。

63. 固定资产报废单（见表3-2-82）——营业税金。

表 3-2-81

（放款）

借款借据（入账通知）

单位编号　　借款日期 2007 年 1 月 16 日　借据编号 003210

收款单位	名　称	厦门东方家具有限公司	借款单位	名　称	中国银行厦门市分行
	开户账号	9556600100264582		放款户账号	649461647013
	开户银行	中国银行厦门市分行营业部		开户银行	

借款金额	人民币（大写）	壹佰万元整	千	百	十	万	千	百	十	元	角	分
			¥	1	0	0	0	0	0	0	0	0

借款原因及用途	购买固定资产	借款计划指标	

借款期限				
期次	计划还款日期	√	计划还款金额	你单位上列借款，已转入你单位结算账户内。借款到期时由我行按期自你单位结算转还。 此致 借款单位 （银行盖章）
	2009年1月16日	□		
		□		
		□		
备注：				

此联由银行退借款单位作入账通知

表 3-2-82

固定资产报废单

年　月　日　　凭证编号 20070101

固定资产名称及编号	规格型号	单　位	数　量	购买日期	已计提折旧月数	原始价值	已提折旧	备　注
								含本月折旧
固定资产状况及报废原因								

处理意见	使用部门	技术鉴定小组	固定资产管理部门	主管部门审批
	张跃		王松	李佳

(1) 2007 年 1 月 16 日，公司轿车被盗，经平安保险公司确认赔偿 80 000.00 元。填制固定资产报废单，已计提折旧月份及已计提的折旧包含本月。计算并结转该轿车的清理损失。

购置时间，2005 年 10 月。

原值，150 000。

预计使用时间，15 年。

预计净残值率，5%。

(2) 计提折旧。2007 年 1 月 16 日，公司轿车被盗，经平安保险公司确认赔偿 80 000.00 元。计提轿车本月应提的折旧。

(3) 固定资产清理。2007 年 1 月 16 日，公司轿车被盗，经平安保险公司确认赔偿 80 000.00 元。将固定资产账面价值结转到固定资产清理（根据第 63(2)个实训）。

(4) 确认赔款。2007 年 1 月 16 日，公司轿车被盗，经平安保险公司确认赔偿 80 000.00 元。确认平安保险公司赔偿额。

(5) 结转固定资产清理。2007 年 1 月 16 日，公司轿车被盗，经平安保险公司确认赔偿 80 000.00 元。结转固定资产清理(根据第 63(4)、(5)个实训编制)。

64. 领料业务。

(1) 领料单(见表 3-2-83)的编制——生产领料。2007 年 1 月 16 日，木工车间领用特种胶合板 600 片用于生产会议桌，400 片用于生产高档办公椅；领用普通胶合板 2 500 片，其中各 1 000 片用于生产黑色和白色办公桌，500 片用于生产普通办公椅。

表 3-2-83

领　料　单

0204109

（三联式）

领料部门：　　　　　　　　　　　　　字第 23　　　号

用　途：　　　　　　年　　月　　日

材料			单位	数量		成本										材料账页
						单价	总价									
编号	名称	规格		请领	实发		百	十	万	千	百	十	元	角	分	

第二联：会计部门记账

主管：　　会计：　　记账：　　保管：王世杰　　发料：赵敏　　领料：廖汉文

(2) 生产领料。2007 年 1 月 16 日，木工车间领用特种胶合板 600 片用于生产会议桌，400 片用于生产高档办公椅；领用普通胶合板 2 500 片，其中各 1 000 片用于生产黑色和白色办公桌，500 片用于生产普通办公椅。请根据领料单(第 64(1)个实训)编制记账凭证。

65. 银行汇票业务。

(1) 申请签发银行汇票(见表 3-2-84)。2007 年 1 月 17 日，申请开具银行汇票 80 万元，用于向福建南平富闽机械有限公司(开户行：工行南平支行；账号：955885760013210)购买木工设备。

表 3-2-84

中国银行　　汇票申请书(存根)

第 0311　　号

申请日期　　　年　　月　　日

申请人			收款人										
账　号 或地址			账　号 或地址										
用途			代　理 付款行										
汇款金额	人民币 （大写）			千	百	十	万	千	百	十	元	角	分

此联申请人留存

备注：

科　目 ______________

对方科目 ______________

财务主管　　　复核　　　经办

(2) 银行汇票(见表 3-2-85)。2007 年 1 月 17 日,申请开具银行汇票 80 万元,用于向福建南平富闽机械有限公司(开户行:工行南平支行;账号:955885760013210)购买木工设备。

表 3-2-85

中　国银行

银行汇票　2　地名 BA 01 00000000

付款期限 壹个月

出票日期（大写）　年　月　日　　代理付款行:　行号: 236

收款人:　账号:

出票金额 人民币（大写） [redacted]

实际结算金额 人民币（大写）　千 百 十 万 千 百 十 元 角 分

申请人:　账号:

出票行:　行号: 236

备　注:

凭票付款

出票行签章

密押:

多余金额　千 百 十 万 千 百 十 元 角 分　复核　记帐

此联代理付款行付款后作联行往账借方凭证附件

(3) 付款凭证 20——申请签发银行汇票。2007 年 1 月 17 日,申请开具银行汇票 80 万元,用于向福建南平富闽机械有限公司(开户行:工行南平支行;账号:955885760013210)购买木工设备。

请根据银行汇票申请书回单(第 65(1)个实训)编制记账凭证。

66. 出售可供出售金融资产。2007 年 1 月 17 日,以每股 17.00 元的价格出售购入的“火炬科技”5 000 股,支付 4‰的印花税,3.5‰的佣金,1‰的过户费。

请作出记账凭证。

背景单据:股票交割单(见表 3-2-86)。

表 3-2-86

国泰军安 证券公司

买卖类别: 卖出	成交日期: 2007-1-17
股东代码: 503140	股东姓名: 东方家具
资金账号: 200501311	合同号码:
证券名称: 火炬科技	委托日期: 2007-1-17
成交号码: 0013254	成交时间: 13:51
成交股数: 5000	本次余额:
成交价格: 17.00	成交金额: 85000.00
手 续 费: 297.50	印 花 税: 340.00
过 户 费: 85.00	其他收费:
收付金额: 84277.50	上次余额: 149725.00
本次余额: 234002.50	

(1) 凭证联

国泰军安证券公司 业务章

备注:

经办单位　　客户签章

67. 支付培训费业务。

(1) 转账支票(见表 3-2-87)——员工培训费。2007 年 1 月 17 日,请厦门大鹏咨询有限公司培训师为员工进行执行能力的培训,培训费 5 000.00 元,用转账支票支付。(本企业没有计提职工教育经费)。

表 3-2-87

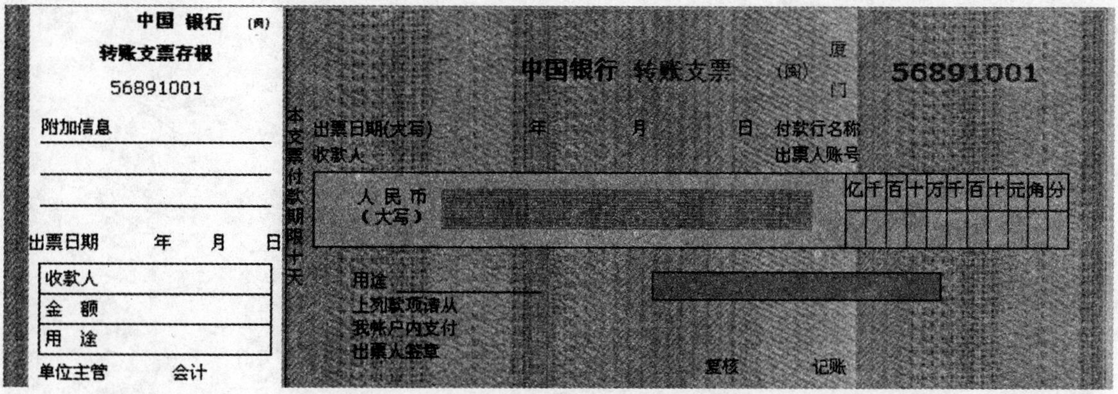
中国银行 (闽)
转账支票存根
56891001
附加信息
出票日期　　年　　月　　日
收款人
金 额
用 途
单位主管　　会计

中国银行 转账支票 (闽) 厦门 56891001
本支票付款期限十天
出票日期(大写)　　年　　月　　日　付款行名称
收款人　　出票人账号
人民币(大写)　亿 千 百 十 万 千 百 十 元 角 分
用途
上列款项请从
我账户内支付
出票人签章　　复核　　记账

(2) 付培训费。2007 年 1 月 17 日,请厦门大鹏咨询有限公司培训师为员工进行执行能力的培训,培训费 5 000.00 元,用转账支票支付。

请根据转账支票存根(第 67(1)个实训)和发票编制记账凭证。

背景单据:服务业发票如表 3-2-88 所示。

表 3-2-88

厦门服务业发票

发 票 联

地 税 监
440170043

查询电话: 0592-9875642　　　　查询号码 36522

顾客名称: 厦门东方家具有限公司　　　　2007 年 1 月 17 日

收费项目	数　量	单　价	金额 万	千	百	十	元	角	分	备注
培训费	1	5000.00		5	0	0	0	0	0	
合计人民币(大写)	零万伍仟零佰零拾零元零角零分									

第二联:发票联

(印章:厦门大鹏咨询有限公司 发票专用章)

开票人: xx　　收款人: xx　　开票单位(盖章)

68. 委托收款业务。2007 年 1 月 18 日,收到广州超越家具有限公司的货款。

托收凭证如表 3-2-89 所示。

69. 罚款业务。

(1) 转账支票(见表 3-2-90)——罚款。2007 年 1 月 18 日,因公司未按规定缴纳排污费,被厦门市环保局处以 3 000 元罚款(收款单位:厦门金库)。

表 3-2-89

托收凭证（汇款依据或收帐通知）　4

委托日期 2007年 1 月 14日　　付款期限 2007 年 2 月 14 日

业务类型	委托收款（☑ 邮划、□ 电划） 托收承付（□ 邮划、□ 电划）							
付款人	全称	广州超越家具有限公司		收款人	全称	厦门东方家具有限公司		
	账号	95588654687244510			账号	9556600100264582		
	地址	广东 省 广州 市/县	开户行 工行天河支行		地址	福建 省 厦门 市/县	开户行 中国银行厦门市分行营	
金额	人民币（大写）	玖拾贰万陆仟贰佰元整				亿千百十万千百十元角分	¥ 9 2 6 2 0 0 0 0	
款项内容	货款	托收凭据名称	发票	附寄单证张数	壹张			
商品发运情况	已发运	合同名称号码	744444					

备注：

复核　记账

上列款项已划回收入你方帐户内

中国银行厦门市分行营业部 转讫章

收款人开户银行签章

2007 年 1 月 18 日

此联付款人开户银行凭以汇款或收款人开户银行作收账通知

表 3-2-90

中国银行（闽）

转账支票存根

56891001

附加信息

出票日期　年　月　日

收款人	
金额	
用途	

单位主管　会计

中国银行　转账支票（闽）厦门　56891001

出票日期（大写）　年　月　日　付款行名称

收款人：　出票人账号

人民币（大写）[redacted]　亿千百十万千百十元角分

本支票付款期限十天

用途 [redacted]

上列款项请从我账户内支付

出票人签章　复核　记账

（2）支付罚款。2007 年 1 月 18 日，因公司未按规定缴纳排污费，被厦门市环保局处以 3 000 元罚款（收款单位：厦门金库）。

请根据转账支票存根（第 69(1)个实训）编制记账凭证。

70. 购料业务。

（1）入库单（见表 3-2-91）——购买酒精。2007 年 1 月 18 日，向漳州南方化工有限公司购买酒精 1 000 千克，取得增值税发票上注明的买价为 5 200.00 元，增值税 884.00 元，货已入库，款项用电汇支付。

（2）购料。2007 年 1 月 18 日，向漳州南方化工有限公司购买酒精 1 000 千克，取得增值税发票上注明的买价为 5 200.00 元，增值税 884.00 元，货已入库，款项用电汇支付。

请根据入库单(第 70(1)个实训)和发票编制记账凭证。

表 3-2-91

物资类别	

入　库　单　　N.o 0028501

年　　月　　日　　连续号

交来单位及部门			发票号码或生产单号码			验收仓库			入库日期		
编号	名称及规格	单位	数量		实际价格		计划价格		价格差异		
			交库	实收	单价	金额	单价	金额			
合计											

（一）存根

财务部门主管　　记账　　保管部门主管　　验收　　单位部门主管　　缴库

背景单据：增值税专用发票、银行电汇凭证如表 3-2-92、表 3-2-93 所示。

表 3-2-92

3200063170　　**福建　增值税专用发票**　　No 01831380

开票日期：2007　年 1　月 18　日

发票联

购货单位	名　称：厦门东方家具有限公司 纳税人识别号：9556600100264582 地址、电话：厦门市兴山路89号　5665555 开户行及账号：中国银行厦门市分行营业部9556600	密码区					
货物或应税劳务名称	规格型号	单位	数量	单价	金额	税率	税额
酒精		KG	1000.00	5.20	5200.00	17%	884.00
合计					5200.00		884.00
价税合计（大写）	陆仟零捌拾肆元整		（小写）　¥6084.00				
销售单位	名　称：漳州南方化工有限公司 纳税人识别号：350603216401164 地址、电话：漳州芗城区　2540126 开户行及账号：工行芗城支行　9558876013240013	备注					

第二联：发票联　购货方记账凭证

收款人：　　复核：　　开票人：　郑兰　　销货单位（章）

（印章：漳州南方化工有限公司　350603216401164　发票专用章）

71. 2007 年 1 月 19 日，上月采购的白色油漆至今尚未收到，经确认，为货物托运公司在运输过程中丢失，现尚未与供应商和货物托运公司达成一致意见，固暂时确认为待处理财产损益。

表 3-2-93

中国　银行电汇凭证（回单）　　1

委托日期 2007 年 1 月 18 日

汇款人	全　称	厦门东方家具有限公司	收款人	全　称	漳州南方化工有限公司
	账　号	9556600100264582		账　号	9558876013240013
	汇出地点	福建　省 厦门　市/县		汇入地点	福建　省 漳州　市/县
汇出行名称		中国银行厦门市分行营业部	汇入行名称		工行芗城支行
金额	人民币（大写）	陆仟零捌拾肆元整	亿千百十万千百十元角分		¥608400
中国银行厦门市分行营业部 xx 业务受理章 汇出行签章			支付密码		*******
			附加信息及用途：货款		
			复核：		记账：

此联汇出行给汇款人的回单

72. 现金折扣销售。

(1) 销售发货通知单(见表 3-2-94)——现金折扣销售。2007 年 1 月 19 日，向厦门湖里家具城有限公司销售白色办公桌 600 张，含税单价为 510 元/张；销售普通办公椅 600 把，含税单价为 225 元/把，货物当日发出，并开具增值税发票。公司与其达成的付款条件为 2/10，1/20，n/30。

开票资料：

单位名称：厦门湖里家具城有限公司。

税号：350206455310145。

地址、电话：厦门湖里龙昌路 8 号，6032015。

开户行及账号：兴行龙昌支行，95561002314508710。

表 3-2-94

销售发货通知单

编号：

购货单位名称：		地址电话：	
税　　号：		开户行及账号：	
货物名称	数量	单价	金额
合计	大写：	小写：	
结算方式：	现金折扣：2/10，1/20，n/30	合同号：	XS200601005
备注：			

总经理：　李佳　　财务经理：　王志　　业务经理：许飞　　业务员：李婷

(2) 出库单(见表 3-2-95)——现金折扣销售。2007 年 1 月 19 日，向厦门湖里家具城有限公司销售白色办公桌 600 张，含税单价 510 元/张；销售普通办公椅 600 把，含税单价 225

元/把，货物当日发出，并开具增值税发票。公司与其达成的付款条件为2/10，1/20，n/30。

开票资料：

单位名称：厦门湖里家具城有限公司。

税号：350206455310145。

地址、电话：厦门湖里龙昌路8号，6032015。

开户行及账号：兴行龙昌支行，95561002314508710。

表 3-2-95

物资类别	

出 库 单　　N.o 0013152

年 月 日　　连续号ck01005

提货单位或领货部门			发票号码或生产单号码		发出仓库	第二仓库	出库日期	2007.1.19
编号	名称及规格	单位	数量 要数	数量 实发	单价	金额	备注	
合计								

(一)留存联

财会部门主管　记账　保管部门主管 叶芹　发货 胡一梅　单位部门主管　制单

(3) 增值税专用发票(见表3-2-96)——现金折扣销售开具发票。2007年1月19日，向厦门湖里家具城有限公司销售白色办公桌600张，含税单价510元/张；销售普通办公椅600把，含税单价225元/把，货物当日发出，并开具增值税发票。公司与其达成的付款条件为2/10，1/20，n/30。

开票资料：

单位名称：厦门湖里家具城有限公司。

税号：350206455310145。

地址、电话：厦门湖里龙昌路8号，6032015。

开户行及账号：兴行龙昌支行，95561002314508710。

(4) 现金折扣销售业务。2007年1月19日，向厦门湖里家具城有限公司销售白色办公桌600张，含税单价510元/张；销售普通办公椅600把，含税单价225元/把，货物当日发出，并开具增值税发票。公司与其达成的付款条件为2/10，20/1，n/30。

开票资料：

单位名称：厦门湖里家具城有限公司。

税号：350206455310145。

地址、电话：厦门湖里龙昌路8号，6032015。

开户行及账号：兴行龙昌支行，95561002314508710。

请根据发票编制记账凭证(主营业务收入按明细核算)。

73. 缴纳工会经费。2007年1月19日，用《工会专用缴款书》向工会支付前欠会费12 000.00元。根据有关规定，上述会费60%支付给本公司工会委员会(厦门东方家具有限公司工会委员会，开户行：中行厦门分行营业部，账号：9556600100454879)，其余40%上交区工

会（厦门湖里区工会委员会，开户行：工行大唐支行，账号：9558864461031014）。

表 3-2-96

3200063170　　　　**厦门 增值税专用发票**　　　　No 01831380

开票日期：　　年　　月　　日

记账联

购货单位	名　称： 纳税人识别号： 地址、电话： 开户行及账号：			密码区			
货物或应税劳务名称	规格型号	单位	数量	单价	金额	税率	税额
合计							
价税合计（大写）		（小写）					
销售单位	名　称： 纳税人识别号： 地址、电话： 开户行及账号：			备注	付款条件2/10，20/1，n/30		

第三联：记账联　销货方记账凭证

收款人：　　复核：　　开票人：陆梅　　销货单位（章）：

请根据《工会专用缴款书》编制记账凭证。

74. 捐款。

(1) 转账支票（见表 3-2-97）的填写——捐款。2007 年 1 月 20 日，向红十字会捐款 100 000.00 元。

表 3-2-97

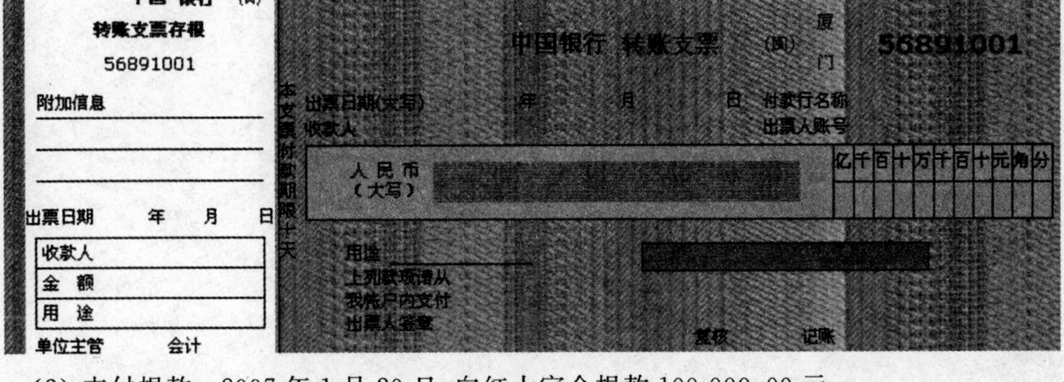
中国 银行（闽）
转账支票存根
56891001
附加信息
出票日期　年　月　日
收款人
金　额
用　途
单位主管　会计

中国银行 转账支票（闽） 厦门 56891001
本支票付款期限十天
出票日期（大写）　年　月　日　付款行名称
收款人　出票人账号
人民币（大写） [redacted]　亿 千 百 十 万 千 百 十 元 角 分
用途 [redacted]
上列款项请从
我帐户内支付
出票人签章　复核　记账

(2) 支付捐款。2007 年 1 月 20 日，向红十字会捐款 100 000.00 元。

请根据转账支票存根（第 74(1) 个实训）编制记账凭证。

75. 购入固定资产。2007 年 1 月 20 日，向福建南平富闽机械有限公司购入木工设备已运达，该设备尚需要安装。收到发票上注明的金额为 740 000.00 元，富闽公司代垫运费

40 000.00元。已经用2007年1月17日开具银行汇票支付(见表3-2-98、表3-2-99)。

表 3-2-98

公路、运河货物运输业统一发票

发票代码：1025460116

发票联

发票号码：04657830

开票日期：2007.01.18

机打代码 机打号码 机器编号	1025460116 04657830		税控码			
收货人及纳税人识别号	厦门东方家具有限公司 350220060704115		承运人及纳税人识别号	南平市飞航运输有限公司 350613640116105		
发货人及纳税人识别号	福建南平富闽机械有限公司 350864501133401		主管税务机关及代码	南平地税局 485046		
运输项目及金额	货物名称 名称 数/重量 单位运价 计费 金额	设备 1 40000.00 40000.00	其它项目及金额	装卸费 仓储费 保险费 印花税 其他	¥0 ¥0 ¥0 ¥0 ¥0	备注： 起运地：南平 到达地：厦门
运费小计	¥40000.00		其他费用小计	¥0		
合计（大写）	肆万元整			（小写）¥40000.00		

第二联、发票联　付款方记账凭证

手写无效

承运人盖章（南平市飞航运输有限公司 350613640116105 发票专用章）　　开票人 倪亮

表 3-2-99

3200063170　　　**南平 增值税专用发票**　　　No 01831380

开票日期：2007 年 1 月 18 日

发票联

购货单位	名　称：厦门东方家具有限公司 纳税人识别号：35020645X310145 地址、电话：厦门湖里龙昌路8号 6032015 开户行及账号：中国银行厦门市分行营业部 955660			密码区			
货物或应税劳务名称	规格型号	单位	数量	单价	金额	税率	税额
木工设备		套	1	666666.67	666666.67	17%	113333.33
合计					666666.67		113333.33
价税合计（大写）	柒拾捌万元整			（小写）¥780000.00			
销售单位	名　称：福建南平富闽机械有限公司 纳税人识别号：350864501133401 地址、电话：南平市海口路89号 9985221 开户行及账号：工行南平支行 955885760013210			备注	福建南平富闽机械有限公司 350864501133401 发票专用章		

第二联：发票联　购货方记账凭证

收款人：　　复核：　　开票人：刘兴　　销货单位（章）：

76. 购置不需安装的固定资产。

(1) 固定资产验收单(见表 3-2-100)——购买轿车。2007 年 1 月 21 日,向厦门现代汽车销售有限公司购买伊兰特轿车 1 辆,价格 145 800.00 元(含代收的牌照费等),另销售公司代收车辆购置税 14 580.00 元,当日验收投入使用。款项用转账支票支付。

表 3-2-100

固定资产验收单

年　　月　　日　　　　　　　　　　编号200003

名称	规格型号		来源	数量	购(造)价	使用年限	预计残值
安装费	月折旧率		建造单位		交工日期	附件	
					年　月　日		
验收部门	办公室	验收人员	张跃	管理部门	办公室	管理人员	曾加
备注							

月折旧额=(固定资产原值—固定资产预计残值)/(预计可使用年数×12)月折旧率

=月折旧额/固定资产原值

注:月折旧率保持 6 位小数。

(2) 转账支票(见表 3-2-101)——购车款。2007 年 1 月 21 日,向厦门现代汽车销售有限公司购买伊兰特轿车 1 辆,价格 145 800.00 元(含代收的牌照费等),另销售公司代收车辆购置税 14 580.00 元,当日验收投入使用。款项用转账支票支付。

表 3-2-101

中国银行(闽)
转账支票存根
56891001
附加信息

出票日期　　年　　月　　日

收款人	
金　额	
用　途	

单位主管　　会计

中国银行 转账支票 (闽) 厦门　　56891001

本支票付款期限十天

出票日期(大写)　　年　　月　　日　付款行名称
收款人　　出票人账号

人民币(大写)	亿	千	百	十	万	千	百	十	元	角	分

用途
上列款项请从
我帐户内支付
出票人签章　　复核　　记账

(3) 机动车销售统一发票、车辆购置税缴税凭证如表 3-2-102、表 3-2-103 所示。

表 3-2-102

机动车销售统一发票

发票联

国税:
车销百万　NO 00013201
(6)

2007　年 1　月 21　日

购车单位(人)	厦门东方家具有限公司		身份证号码/组织机构代码		20060704	
车辆类型	轿车	厂牌型号	XML6686XA		产　地	厦门
合格证号	66448	进口证明书号			商检单号	
发动机号码	007068		车架号码/车辆识别代码		LFJ654SA0454A0465	
数量壹	单价	145800.00			合同单号	
价外名称	费		费		费	
费用金额						
价费合计金额	(大写)零佰壹拾肆万伍仟捌佰零拾零元零角零分				¥145800.00	
销货单位名称	厦门现代汽车销售有限公司		地　址	禾嘉路181号	电　话	5689941
纳税人识别号	350201644701147		开户银行	兴行禾嘉支行	账　号	955610356497610
备　注			审核单位(盖章)			

第二联　发票联

销货单位(章):　　开票人: 魏平　　收款人:

表 3-2-103

车辆购置税缴税凭证

2007　年 1　月 21　日

车　主	厦门东方家具有限公司				
车辆厂牌型号	伊兰特	国产/进口		国产	
车辆计税价格	145800.00	缴税金额	14580.00	滞纳金	0.00
合计金额(大写)	壹拾肆万伍仟捌佰元整 ¥145800.00				
发给车辆购置税完税证明号码:	第 436640116 号				

第二联　纳税人收执

征收单位: 厦门国税局车购所　　收款人:　　开票人:　　郭丹

77. 利息业务。2007 年 1 月 21 日,收到银行存款利息 3 451.68 元。

中国银行利息回单如表 3-2-104 所示。

表 3-2-104

中国 银行利息回单

2007 年 1 月 21 日

收款单位	账 号	9556600100264582	付款单位	账 号			代付、收款通知书
	户 名	厦门东方家具有限公司		户 名	中国银行厦门市分行营业		
	开户银行	中国银行厦门市分行营业		开户银行	中国银行厦门市分行营业		
			利率	0.099%	利息	3451.68	
基本存款 户第 1 月利息							
银行盖章							

（印章：中国银行厦门市分行营业部 付讫章）

78. 购置需安装的固定资产。

(1) 安装费。2007 年 1 月 21 日，向厦门大力安装服务有限公司支付木工设备安装费 30 000.00 元。

请填制转账支票(见表 3-2-105)。

表 3-2-105

中国 银行 (闽)
转账支票存根
56891001
附加信息

出票日期 年 月 日

收款人	
金 额	
用 途	

单位主管 会计

中国银行 转账支票 (闽) 厦门 56891001

本支票付款期限十天

出票日期(大写) 年 月 日 付款行名称
收款人 出票人账号

	亿	千	百	十	万	千	百	十	元	角	分
人民币（大写）											

用途
上列款项请从
我帐户内支付
出票人签章

复核 记账

(2) 设备安装费。2007 年 1 月 21 日，向厦门大力安装服务有限公司支付木工设备安装费 30 000.00 元。

请根据转账支票存根和发票编制记账凭证。

厦门服务业发票如表 3-2-106 所示。

79. 保险费。2007 年 1 月月 22 日，向中国人民保险公司厦门分公司为新购的轿车投保，投保期限为一年，保险费为 4 800.00 元，款项用转账支票(见表 3-2-107)支付。

表 3-2-106

厦门服务业发票
发 票 联

地 税 监
440170043

查询电话：0592-65844444　　　　查询号码 1226954

顾客名称：厦门东方家具有限公司　　　　2007 年 1 月 21日

收费项目	数　量	单　价	金额 万	千	百	十	元	角	分	备注
设备安装费	1	30000.00	3	0	0	0	0	0	0	
合计人民币（大写）	叁万零仟零佰零拾零元零角零分		3	0	0	0	0	0	0	

第二联：发票联

（印章：厦门大力安装服务有限公司 996666656552 发票专用章）

开票人：xxx　　收款人：　　开票单位(盖章)

表 3-2-107

中国银行（闽）
转账支票存根
56891001
附加信息
出票日期　　年　　月　　日
收款人	
金　额	
用　途	

单位主管　　会计

中国银行　转账支票（闽）　厦门　56891001

本支票付款期限十天

出票日期(大写)　　年　　月　　日　　付款行名称
收款人　　　　　　　　　　　　　　出票人账号

人民币（大写）	亿	千	百	十	万	千	百	十	元	角	分

用途
上列款项请从
我账户内支付
出票人签章　　　　复核　　记账

保险费收据如表 3-2-108 所示。

表 3-2-108

中国人民保险公司
THE PEOPLE'S INSURANCE OF CHINA　　NO: J1023672

保险费收据
DEBIT NOTE

日期: 2007.1.22
DATE: 2007.1.22

应支付本公司

单位:　　　　Please be notified of the payable at

金　额
The sum of 人民币 肆仟捌佰元整

系　付No: C2006013346401　　保险单/批单项下之保险费

Being due premium uder Policy/End No. 财产保险(闽D-02899)

批　单　号:　　合同/发票号: 厦财保字(050548790:

收　据　号:RMC:　　Coutrac/Invoice NO.

保险金额: 壹拾伍万元整
SUM INSURED: 壹拾伍万元整
保险费: 肆仟捌佰元整
PREMIUM: 肆仟捌佰元整

中国人民保险公司厦门分公司
THE PEOPLE'S INSURANCE COMPANY OF CHINA
XIAMEN BRANCH

保险有效期: 2007.1.22 至 2008.1.22

审核:　　制单: 周波　　@BWRPOJX@

80. 安装设备领用原材料。2007 年 1 月 22 日，安装木工设备过程中，领用普通胶合板 10 片试产。

请编制记账凭证。

领料单如表 3-2-109 所示。

表 3-2-109

领　料　单

（三联式）

0204109

领料部门：木工车间

字第 266　　号

用　途：安装木工设备　　2007 年 1　月 22　日

材料			单位	数量		成本											材料账页
						单价	总价										
编号	名称	规格		请领	实发		百	十	万	千	百	十	元	角	分		
	普通胶合板		片	10	10	200.00				2	0	0	0	0	0		

第二联：会计部门记账

主管：xxx　　会计：xxx　　记账：xx　　保管：xx　　发料：xxx　　领料：xxx

81. 入库单（见表 3-2-110）——办公桌入库。2007 年 1 月 22 日，装配车间办理成品入库，其中白色办公桌 400 张，黑色办公桌 450 张，棕色会议桌 50 张。

表 3-2-110

物资类别	

入　库　单

年　月　日

N.o 0028501

连续号699885

交来单位及部门			发票号码或生产单号码		验收仓库	第一仓库	入库日期	2007.1.22
编号	名称及规格	单位	数量		实际价格		计划价格		价格差异
			交库	实收	单价	金额	单价	金额	
合　计									

(一)存根

财务部门主管 xxx　　记账 xxx　　保管部门主管 xx　　验收 xx　　单位部门主管 xx　　缴库 xx

82. 入库单（见表 3-2-111）——办公椅入库。2007 年 1 月 22 日，装配车间办理成品入库，其中普通办公椅 800 把，高档办公椅 510 把。

表 3-2-111

物资类别	

入　库　单　　N.o 0028501

年　月　日　　连续号699886

交来单位及部门		发票号码或生产单号码		验收仓库	第一仓库	入库日期	2007.1.22			
编号	名称及规格	单位	数量		实际价格		计划价格		价格差异	
			交库	实收	单价	金额	单价	金额		
合　计										

（一）存根

财务部门主管　xx　记账　xxx　保管部门主管　xxx　验收　xxx　单位部门主管　xxx　缴库　xxx

83. 销售业务。

（1）销售发货通知单（见表 3-2-112）。2007 年 1 月 23 日，厦门永裕电子有限公司向公司购买棕色会议桌 2 张，含税单价 8 500 元/张；高档办公椅共 20 把，含税单价 860 元/把，收到对方的转账支票。当即填制进账单到对方开户行办理银行转账，款已收妥；同时开具增值税发票。

开票资料：

单位名称：厦门永裕电子有限公司。

税号：350206764134901。

地址、电话：厦门华昌路 15 号，6054702。

开户行及账号：中行华昌支行，9556646443101404。

表 3-2-112

销售发货通知单

编号：　xs01006

购货单位名称：		地址电话：	
税　　号：		开户行及账号：	
货物名称	数量	单价	金额
合计	大写：	小写：	
结算方式：		合同号：	XS200601006
备注：			

总经理：　李佳　　财务经理：　王志　　业务经理：许飞　　业务员：李婷

（2）出库单（见表 3-2-113）。2007 年 1 月 23 日，厦门永裕电子有限公司向公司购买棕

色会议桌 2 张，含税单价 8 500 元/张；高档办公椅共 20 把，含税单价 860 元/把，收到对方的转账支票。当即填制进账单到对方开户行办理银行转账，款已收妥；同时开具增值税发票。

开票资料：

单位名称：厦门永裕电子有限公司。

税号：350206764134901。

地址、电话：厦门华昌路 15 号，6054702。

开户行及账号：中行华昌支行，9556646443101404。

表 3-2-113

物资类别	

出　库　单　　N.o 0013152

年　月　日　　连续号66995

提货单位或领货部门			发票号码或生产单号码			发出仓库	第一仓库	出库日期	2007.1.23
编　号	名称及规格	单位	数量 要数	数量 实发	单价	金额	备注		
合　计									

(二)记账联

财会部门主管　　记账　　保管部门主管　叶芹　　发货　　单位部门主管　　制单　张裕

(3) 银行进账单(见表 3-2-114、表 3-2-115)。2007 年 1 月 23 日，厦门永裕电子有限公司向公司购买棕色会议桌 2 张，含税单价 8 500 元/张；高档办公椅共 20 把，含税单价 860 元/把，收到对方的转账支票(见表 3-2-116)。当即填制进账单到对方开户行办理银行转账，款已收妥；同时开具增值税发票。

表 3-2-114

(　　中国银行) 进账单(回单)　　1

年　月　日

付款人	全称		收款人	全称	
	账号			账号	
	开户行			开户行	
金额	人民币(大写)				亿 千 百 十 万 千 百 十 元 角 分
票据种类					
票据张数					
复核　记账			开户银行签章		

此联是开户银行交给持票人的回单

表 3-2-115

（　　中国 银行）进账单(收账通知)　　3

年　月　日

付款人	全称		收款人	全称	
	账号			账号	
	开户行			开户行	
金额	人民币(大写)				亿 千 百 十 万 千 百 十 元 角 分
票据种类					
票据张数					
复核　记账			收款人开户银行签章		

此联是收款人开户银行交给收款人的收账凭证

表 3-2-116

银行 转账支票　(闽)　厦门　56891001

本支票付款期限十天

出票日期(大写) 贰零零柒 年 零壹 月 贰拾叁 日　付款行名称 中行华昌支行

收款人 厦门东方家具有限公司　出票人账号 9556646443101404

人民币(大写)	亿	千	百	十	万	千	百	十	元	角	分
叁万肆仟贰佰元整				¥	3	4	2	0	0	0	0

厦门永裕电子有限公司 财务专用章　唐永裕

用途 货款　[redacted]

上列款项请从

我帐户内支付

出票人签章

复核　记账

根据支票，填制进账单。

开票资料：

单位名称：厦门永裕电子有限公司。

税号：350206764134901。

地址、电话：厦门华昌路 15 号，6054702。

开户行及账号：中行华昌支行，9556646443101404。

（4）增值税专用发票（见表 3-2-117）。2007 年 1 月 23 日，厦门永裕电子有限公司向公司购买棕色会议桌 2 张，含税单价 8 500 元/张；高档办公椅共 20 把，含税单价 860 元/把，收到对方的转账支票。当即填制进账单到对方开户行办理银行转账，款已收妥；同时开具增值税发票。

开票资料：

表 3-2-117

3200063170　　　　**厦门 增值税专用发票**　　　　No 01831380

开票日期：　　　年　　月　　日

记账联

购货单位	名　　称： 纳税人识别号： 地址、电话： 开户行及账号：		密码区				
货物或应税劳务名称	规格型号	单位	数量	单价	金额	税率	税额
合计							
价税合计（大写）			（小写）				
销售单位	名　　称： 纳税人识别号： 地址、电话： 开户行及账号：		备注				

收款人：　　　复核：　　　开票人：　　　销货单位（章）：

第三联：记账联　销货方记账凭证

单位名称：厦门永裕电子有限公司。

税号：350206764134901。

地址、电话：厦门华昌路 15 号，6054702。

开户行及账号：中行华昌支行，9556646443101404。

(5) 销售。2007 年 1 月 23 日，厦门永裕电子有限公司向公司购买棕色会议桌 2 张，含税单价 8 500 元/张；高档办公椅共 20 把，含税单价 860 元/把，收到对方的转账支票。当即填制进账单到对方开户行办理银行转账，款已收妥；同时开具增值税发票。

请根据银行进账单（第 83(3) 个实训）和发票（第 83(4) 个实训）编制记账凭证。

（提示：主营业务收入进行明细核算）。

84. 报销业务。

(1) 报销单（见表 3-2-118）——电话费。2007 年 1 月 23 日，收到银行转来的委托收款凭证（付款通知）及电信发票，缴交本月的电话费共 3 641.20 元。

表 3-2-118

报　销　单

填报日期　　　年　　月　　日

姓名		所属部门		报销形式： 支票号码	
报销项目		金　额	报销项目		金　额
			以上单据共　　张 金额小计		
总金额（大写）	拾　万　仟　佰　拾　元　角　分		预支备用金额		应缴备用金额

主管 李佳　　　会计 王志　　　出纳 孙朋　　　报销人 孙瑶

（2）付办公费。2007 年 1 月 23 日，收到银行转来的委托收款凭证（付款通知）及电信发票，缴交本月的电话费共 3 641.20 元。费用记入“管理费用—办公费”。

请根据报销单、托收凭证（付款通知）和电信使用费收款收据编制记账凭证。

背景资料：托收凭证、市电信局电信使用费收款收据如表 3-2-119、表 3-2-120 所示。

表 3-2-119

托收凭证 （付款通知）　　5

委托日期 2007年 1 月 23日　　付款期限　　年　　月　　日

业务类型		委托收款（☑ 邮划、☐ 电划） 托收承付（☐ 邮划、☐ 电划）						
付款人	全　称	厦门东方家具有限公司			收款人	全　称	福建网通厦门分公司	
	账　号	9556600100264582				账　号	9556636400134464	
	地　址	福建 省 厦门 市/县	开户行	中国银行厦门市分		地　址	福建 省 厦门 市/县	开户行　中行厦门分行营业部
金额	人民币（大写）	叁仟陆佰壹拾肆元贰角整					亿千百十万千百十元角分	¥ 3 6 1 4 2 0
款项内容		电话费	托收凭据名称	发票			附寄单证张数	壹张
商品发运情况					合同名称号码			
备注： 付款人开户银行收到日期 2007 年 1 月 23 日 复核　　记账		中国银行厦门市分行营业部 转讫章 付款人开户银行签章 2007 年 1 月 23 日					付款人注意：1.根据支付人结算办法，上列委托收款（托收承付）款项在付款期限内未提出拒付，即视为同意付款，以次代付款通知。2.如需提出全部或部分拒付，应在规定期限内，将拒付理由书并附债务证明退交开户银行。	

此联付款人开户银行给付款人按期付款通知

表 3-2-120

市电信局电信使用费收款收据

使用费　（本收据须盖章及收款员私章方可生效）		发票号：
电话号码：	信息费：	长途电话、非话费用：
市话、移动电话费：	2371.20	国际长途：0
月租费：20.00		国内长途：1250.00
通话费：	98168：	直　拨：
市政附加费：	新　太：	人　工：
新业务月租费：	利　尼：	半 自 动：
话机代理费：		电　报：
无委费：		电子信箱：
		ChInenet：
		传真存储转发：
小　计：20.00	小　计：2371.20	小　计：1250.00
合计：3641.20	其中：	
大写：叁仟陆佰肆拾壹元贰角整		
168.96168查询电话： 新太查询电话： 利尼查询电话：	备注	收款员： 年　月　日

85. 保险赔偿。

(1) 银行进账单(见表 3-2-121、表 3-2-122)——赔款。2007 年 1 月 23 日,收到平安保险厦门分公司的轿车赔款 80 000.00 元。

表 3-2-121

(中国 银行) 进账单(回单)　　1

年　月　日

付款人	全称		收款人	全称	
	账号			账号	
	开户行			开户行	
金额	人民币(大写)				亿 千 百 十 万 千 百 十 元 角 分
票据种类			开户银行签章		
票据张数					
复核　记账					

此联是开户银行交给持票人的回单

表 3-2-122

(中国 银行) 进账单(收账通知)　　3

年　月　日

付款人	全称		收款人	全称	
	账号			账号	
	开户行			开户行	
金额	人民币(大写)				亿 千 百 十 万 千 百 十 元 角 分
票据种类			收款人开户银行签章		
票据张数					
复核　记账					

此联是收款人开户银行交给收款人的收账凭证

根据收到的支票(见表 3-2-123),填制银行进账单。

(2) 收款收据(见表 3-2-124)。2007 年 1 月 23 日,收到平安保险厦门分公司的轿车赔款 80 000.00 元。

请填写收据收据。

表 3-2-123

银行 转账支票 （闽） 厦门 56891001

本支票付款期限十天

出票日期(大写) 贰零零柒 年 零壹 月 贰拾叁 日　付款行名称 中行湖滨支行

收款人 厦门东方家具有限公司　出票人账号 955666780164016

人民币（大写） 捌万元整	亿	千	百	十	万	千	百	十	元	角	分
				¥	8	0	0	0	0	0	0

（印章：平安保险厦门分公司财务专用章）

用途 保险赔款

上列款项请从

我帐户内支付

出票人签章　董华

复核　记账

表 3-2-124

收 款 收 据　N.O 0049002

年 月 日

今 收 到 ____________________

交 来： ____________________

金额（大写） 拾 万 仟 佰 拾 元 角 分

¥ ________ □现金 □支票 □信用卡 □其他　收款单位（盖章）

第三联交财务

核准　会计 陆梅　记账　出纳 孙朋　经手人

(3) 收到赔款。2007 年 1 月 23 日，收到平安保险厦门分公司的轿车赔款 80 000.00 元。

请根据银行进账单(第 85(1)个实训)和收款收据(第 85(2)个实训)编制记账凭证。

86. 收到退货款(见表 3-2-125)。2007 年 1 月 24 日，收到福建永安华兴木材厂退货款 24 000.00 元。

87. 分期收款销售。

(1) 销售发货通知单(见表 3-2-126)。2007 年 1 月 24 日，向厦门张氏家私有限公司销售棕色会议桌 100 张，含税单价 7 980.00 元/张；销售高档办公椅 800 把，含税单价 805.00 元/把，货当日发出。合同规定：货款采用分期收款方式结算，发货当日结算 30%，其余分两期结算(即 2008 年 1 月 24 日、2009 年 1 月 2 日结算)。但货款尚未收到。在现销方式下，该办公座椅的销售价格为 1 000 000.00 元(不含税，其中棕色会议桌不含税价款 600 000.00 元，高档办公椅不含税价款 400 000.00 元)。该企业在发出商品时就全部销售款开具了发票。

表 3-2-125

中国　银行电汇凭证（收账通知）　　4

委托日期 2007 年 1 月 24 日

汇款人	全　称	福建永安华兴木材厂	收款人	全　称	厦门东方家具有限公司
	账　号	9558856543321156		账　号	9556600100264582
	汇出地点	福建　省 永安　市/县		汇入地点	福建　省 厦门　市/县
汇出行名称		工行三环支行	汇入行名称		中国银行厦门分行营业部
金额	人民币（大写）	贰万肆仟元整	亿千百十万千百十元角分		¥ 2 4 0 0 0 0 0
中行厦门分行营业部 转讫章 款项已收入收款人账户			支付密码		******
			附加信息及用途：退货款		
汇入行签章			复核：　记账：		

此联给汇款人的收账通知

表 3-2-126

销售发货通知单

编号：　xs01007

购货单位名称：		地址电话：	
税　　号：		开户行及账号：	
货物名称	数量	单价	金额
合计	大写：	小写：	
结算方式：		合同号：	XS200701007
备注：	发货时结算30%		

总经理：　李佳　　财务经理：　王志　　业务经理：许飞　　业务员：刘卫

开票资料：

单位名称：厦门张氏家私有限公司。

税号：350264016497014O。

地址、电话：厦门世贸商城，2305680。

开户行及账号：交行世贸支行，955990311640015。

(2) 出库单（见表 3-2-127）——分期收款销售。2007 年 1 月 24 日，向厦门张氏家私有限公司销售棕色会议桌 100 张，含税单价 7 980.00 元/张；销售高档办公椅 800 把，含税单价 805.00 元/把，货当日发出。合同规定：货款采用分期收款方式结算，发货当日结算 30%，其余分两期结算（即 2008 年 1 月 24 日、2009 年 1 月 2 日结算）。但货款尚未收到。在现销方式下，该办公座椅的销售价格为 1 000 000.00 元（不含税，其中棕色会议桌不含税价款 600 000.00 元，高档办公椅不含税价款 400 000.00 元）。该企业在发出商品时就全部销售款开具了发票。

表 3-2-127

物资类别	

出　库　单　　N.o 0013152

年　月　日　　连续号ck01007

提货单位或领货部门			发票号码或生产单号码		发出仓库	第一仓库	出库日期	2007.1.24
编号	名称及规格	单位	数量		单价	金额	备注	
			要数	实发				
合计								

(二)记账联

财会部门主管　　记账　　保管部门主管 叶芹　　发货　　单位部门主管　　制单 张建财

开票资料：

单位名称：厦门张氏家私有限公司。

税号：3502640164970140。

地址、电话：厦门世贸商城，2305680。

开户行及账号：交行世贸支行，955990311640015。

(3) 增值税专用发票(见表 3-2-128)。2007 年 1 月 24 日，向厦门张氏家私有限公司销售棕色会议桌 100 张，含税单价 7 980.00 元/张；销售高档办公椅 800 把，含税单价 805.00 元/把，货当日发出。合同规定：货款采用分期收款方式结算，发货当日结算 30%，其余分两期结算(即 2008 年 1 月 24 日、2009 年 1 月 2 日结算)。但货款尚未收到。在现销方式下，该办公座椅的销售价格为 1 000 000.00 元(不含税)。该企业在发出商品时就全部销售款开具了发票。

表 3-2-128

3200063170　　厦门 增值税专用发票　　No 01831380

开票日期：　　年　月　日

记账联

购货单位	名称： 纳税人识别号： 地址、电话： 开户行及账号：			密码区			
货物或应税劳务名称	规格型号	单位	数量	单价	金额	税率	税额
合计							
价税合计(大写)			(小写)				
销售单位	名称： 纳税人识别号： 地址、电话： 开户行及账号：			备注			

第三联：记账联　销货方记账凭证

收款人：　　复核：　　开票人：陆梅　　销货单位(章)：

开票资料：

单位名称：厦门张氏家私有限公司。

税号：3502640164970140。

地址、电话：厦门世贸商城，2305680。

开户行及账号：交行世贸支行，955990311640015。

(4) 分期收款销售。2007 年 1 月 24 日，向厦门张氏家私有限公司销售棕色会议桌 100 张，含税单价 7 980.00 元/张；销售高档办公椅 800 把，含税单价 805.00 元/把，货当日发出。合同规定：货款采用分期收款方式结算，发货当日结算 30%，其余分两期结算(即 2008 年 1 月 24 日、2009 年 1 月 2 日结算)。但货款尚未收到。在现销方式下，该办公座椅的销售价格为 1 000 000.00 元(不含税，其中棕色会议桌不含税价款 600 000.00 元，高档办公椅不含税价款 400 000.00 元)。该企业在发出商品时就全部销售款开具了发票。

请根据发票编制记账凭证。

88. 生产领料。2007 年 1 月 24 日，油漆车间领用油漆，其中白色油漆 600 千克用于生产白色办公桌；黑色油漆 800 千克，400 千克用于生产黑色办公桌，300 千克用于生产普通办公椅，100 千克用于生产高档办公椅；棕色油漆 300 千克用于生产会议桌。

请编制记账凭证。

背景资料：领料单如表 3-2-129 所示。

表 3-2-129

领　料　单

0204109

（三联式）

领料部门：油漆车间　　　　字第 65　　号

用　途：生产办公桌、办公　　2007 年 1　月 24　日

材料			单位	数量		成本										材料账页
						单价	总价									
编号	名称	规格		请领	实发		百	十	万	千	百	十	元	角	分	
	白色油漆		千克	600	600	28.00			1	6	8	0	0	0	0	
	黑色油漆		千克	800	800	32.00			2	5	6	0	0	0	0	
	棕色油漆		千克	300	300	35.00			1	0	5	0	0	0	0	

第二联：会计部门记账

主管：　　会计：　　记账：　　保管：王世杰　　发料：赵敏　　领料：王茂才

89. 水费分配。

(1) 用水分配表(见表 3-2-130)。2007 年 1 月 25 日，收到银行转来的委托收款(付款通知)及水务公司的增值税发票，本月用水 16 000 吨，水费价税合计为 41 600.00 元(税率 6%)，其中木工车间 2 000 吨、油漆车间 4 000 吨、装配车间 2 000 吨、机修车间 2 000 吨、其他管理部门 6 000 吨。按部门用水量分配水电费。分配额是指不含税额。

(2) 付水费。根据各部门用水分配表(第 89(1)个实训)、委托收款(付款通知)(见表 3-2-131)和发票(见表 3-2-132)编制记账凭证。

表 3-2-130

各部门用水分配表

年　　月　　日

使用部门	分配率	耗用量（立方米）	金额（元）
木工车间			
油漆车间			
装配车间			
机修车间			
其他管理部门			
合计			

财务主管：王志　　　　　　　　　　　　　　　　　制单 王平

表 3-2-131

托收凭证 （付款通知）　　　5

委托日期 2007年 1 月 25日　　　　付款期限　　年　　月　　日

业务类型	委托收款（☑ 邮划、☐ 电划） 托收承付（☐ 邮划、☐ 电划）					
付款人	全　称	厦门东方家具有限公司	收款人	全　称	厦门市税务集团有限公司	
	账　号	9556600100264582		账　号	9558816441478012	
	地　址	福建 省 厦门 市县　开户行 中国银行厦门市分		地　址	福建 省 厦门 市县　开户行 工行莲前支行	
金额	人民币（大写）	肆万壹仟陆佰元整			亿千百十万千百十元角分：¥ 4 1 6 0 0 0 0	
款项内容	水费	托收凭据名称	增值税发票	附寄单证张数	1	
商品发运情况			合同名称号码			
备注： 付款人开户银行收到日期 2007年 1 月 25 日 复核　　记账	中国银行厦门市分行营业部 转讫章 付款人开户银行签章 2007 年 1 月 25 日		付款人注意：1.根据支付人结算办法，上列委托收款（托收承付）款项在付款期限内未提出拒付，即视为同意付款，以次代付款通知。2.如需提出全部或部分拒付，应在规定期限内，将拒付理由书并附债务证明退交开户银行。			

此联付款人开户银行给付款人按期付款通知

90. 电费分配。

(1) 用电分配表(见表 3-2-133)——电费。2007 年 1 月 25 日，收到银行转来的委托收款(付款通知)及电力公司的增值税发票，本月用电 150 000 度，每度电价 0.45 元，电费合计 67 500.00 元。其中木工车间耗用 50 000 度、油漆车间耗用 10 000 度、装配车间耗用 20 000 度、机修车间耗用 30 000 度，其他管理部门耗用 40 000 度。分配率保持 7 位小数，分配额因四舍五入形成的差异，计入最后一个项目。

表 3-2-132

3200063170　　　　**厦门 增值税专用发票**　　　　No 01831380

开票日期：2007 年 1 月 25 日

发票联

购货单位	名　称：厦门东方家具有限公司 纳税人识别号：350220060704115 地址、电话：厦门市兴山路89号 5665555 开户行及账号：中国银行厦门分行营业部95566001(	密码区					
货物或应税劳务名称	规格型号	单位	数量	单价	金额	税率	税额
水费		度	16000.00	2.4528	39245.28	6%	2354.72
合计					39245.28		2354.72
价税合计（大写）	肆万壹仟陆佰元整		（小写）	¥41600.00			
销售单位	名　称：厦门市水务集团有限公司 纳税人识别号：350201647041610 地址、电话：莲前路1号 2364015 开户行及账号：工行莲前支行9558816441478012	备注					

第二联：发票联　购货方记账凭证

（印章：厦门市水务集团有限公司 350201647041610 发票专用章）

收款人：　　复核：　　开票人：许杰　　销货单位（章）：

表 3-2-133

各部门用电分配表

年　月　日

使用部门	分配率	耗用量（度）	金额（元）
木工车间			
油漆车间			
装配车间			
机修车间			
其他管理部门			
合计			

财务主管：王志　　　　制单 王平

（2）付电费。2007 年 1 月 25 日，收到银行转来的委托收款（付款通知）（见表 3-2-134）及电力公司的增值税发票（见表 3-2-135），本月用电 150 000 度，每度电价 0.45 元，电费合计 67 500.00 元。其中木工车间耗用 50 000 度、油漆车间耗用 10 000 度、装配车间耗用 20 000 度、机修车间耗用 30 000 度，其他管理部门耗用 40 000 度。

表 3-2-134

托收凭证（付款通知）　5

委托日期 2007年 1 月 25日　　付款期限　　年　　月　　日

业务类型		委托收款（☑邮划、☐电划）　托收承付（☐邮划、☐电划）						
付款人	全称	厦门东方家具有限公司		收款人	全称	厦门市税务集团有限公司		
	账号	9556600100264582			账号	9558816441478012		
	地址	福建 省 厦门 市县	开户行：中国银行厦门市分		地址	福建 省 厦门 市县	开户行：工行莲前支行	
金额	人民币（大写）	陆万柒仟伍佰元整				亿千百十万千百十元角分	¥ 6 7 5 0 0 0 0	
款项内容		电费	托收凭据名称	增值税专用发票	附寄单证张数	1		
商品发运情况			合同名称号码					
备注： 付款人开户银行收到日期 2007 年 1 月 25 日 复核　记账		中国银行厦门市分行营业部 转讫章 付款人开户银行签章 2007 年 1 月 25 日		付款人注意：1.根据支付人结算办法，上列委托收款（托收承付）款项在付款期限内未提出拒付，即视为同意付款，以次代付款通知。2.如需提出全部或部分拒付，应在规定期限内，将拒付理由书并附债务证明退交开户银行。				

此联付款人开户银行给付款人按期付款通知

表 3-2-135

3200063170　　厦门 增值税专用发票　　No 01831380

开票日期：2007 年 1 月 25 日

发票联

购货单位	名称：厦门东方家具有限公司 纳税人识别号：350220060704115 地址、电话：厦门市兴山路89号 5665555 开户行及账号：中国银行厦门分行营业部955660010			密码区			
货物或应税劳务名称	规格型号	单位	数量	单价	金额	税率	税额
电费		度	150000	0.384615	57692.31	17%	9807.69
合计					57692.31	17%	9807.69
价税合计（大写）	陆万柒仟伍佰元整			（小写）¥67500.00			
销售单位	名称：厦门电业局 纳税人识别号：350201647010146 地址、电话：圆山路8号 6540113 开户行及账号：工行圆山支行9558865465147013			备注	厦门电业局 350201647010146 发票专用章		

收款人：　　复核：　　开票人：全球　　销货单位（章）：

第二联：发票联　购货方记账凭证

91. 出租固定资产。

(1) 银行进账单(见表 3-2-136～表 3-2-138)。2007 年 1 月 25 日，将本公司的货车出租给厦门华联商厦股份有限公司提供送货上门业务，本月应收的租金为 15 000.00 元，款项当日收到，并开具服务业发票。

表 3-2-136

（　　中国 银行）进账单(回单)　　1

年　月　日

付款人	全称		收款人	全称	
	账号			账号	
	开户行			开户行	
金额	人民币(大写)				亿 千 百 十 万 千 百 十 元 角 分
票据种类					
票据张数					
复核　记账			开户银行签章		

此联是开户银行交给持票人的回单

表 3-2-137

（　　中国 银行）进账单(收账通知)　　3

年　月　日

付款人	全称		收款人	全称	
	账号			账号	
	开户行			开户行	
金额	人民币(大写)				亿 千 百 十 万 千 百 十 元 角 分
票据种类					
票据张数					
复核　记账			收款人开户银行签章		

此联是收款人开户银行交给收款人的收账凭证

(2) 服务业发票(见表 3-2-139、表 3-2-140)。2007 年 1 月 25 日，将本公司的货车出租给厦门华联商厦股份有限公司提供送货上门业务，本月应收的租金为 15 000.00 元，款项当日收到，并开具服务业发票。

表 3-2-138

银行 转账支票 (闽) 厦门 56891001

本支票付款期限十天

出票日期(大写) 贰零零柒 年 零壹 月 贰拾伍 日　付款行名称 中行海滨支行

收款人 厦门东方家具有限公司　出票人账号 9556664450015410

人民币（大写）	亿	千	百	十	万	千	百	十	元	角	分
壹万伍仟元整				¥	1	5	0	0	0	0	0

厦门□商厦股份有限公司 发票专用章

王东

用途 汽车租金

上列款项请从

我帐户内支付

出票人签章

复核　记账

表 3-2-139

厦门服务业发票

存根联

地税监

440170043

查询电话： 23366551　查询号码 5522211

顾客名称：　年　月　日

收费项目	数　量	单　价	金额 万	千	百	十	元	角	分	备注
合计人民币(大写)	万　仟　佰　拾　元　角　分									

第一联：存根联

开票人： 陆梅　收款人：　开票单位(盖章)

(3) 租金收入。2007 年 1 月 25 日，将本公司的货车出租给厦门华联商厦股份有限公司提供送货上门业务，本月应收的租金为 15 000.00 元，款项当日收到，并开具服务业发票。

请根据银行进账单(第 91(1)个实训)和服务业发票(第 91(2)个实训)编制记账凭证。

92. 报销单(见表 3-2-141)——印花税。2007 年 1 月 26 日，陆梅购买本月需要的相关印花税税票，共 150.40 元，用现金支付。

表 3-2-140

厦门服务业发票

记账联

地税监
440170043

查询电话：23366551　　查询号码 5522211

顾客名称：　　年　月　日

收费项目	数量	单价	金额							备注
			万	千	百	十	元	角	分	
合计人民币（大写）	万　仟　佰　拾　元　角　分									

第三联：记账联

开票人：陆梅　　收款人：　　开票单位(盖章)

表 3-2-141

报　销　单

填报日期　　年　月　日

姓名		所属部门		报销形式： 支票号码	
报销项目			金额	报销项目	金额
				以上单据共　张　金额小计	
总金额（大写）	拾　万　仟　佰　拾　元　角　分			预支备用金额	应缴备用金额

主管　李佳　　会计　王志　　出纳　孙朋　　报销人　陆梅

93. 付印花税。2007 年 1 月 26 日，陆梅购买本月需要的相关印花税税票，共 150.40 元，用现金支付。

根据印花税销售凭证（见表 3-2-142）和报销单（第 92 个实训）编制记账凭证。

表 3-2-142

市印花税销售凭证　(2007)

发票联　　乙1　№ 00361647

购买单位(人)：厦门东方家具有限公司　　2007 年 1 月 26 日

面值种类	数量	金额	面值种类	数量	金额
壹角票	4	0.40	伍元票	10	50.00
贰角票			拾元票	4	40.00
伍角票	10	5.00	伍拾元票	1	50.00
壹元票	5	5.00	壹佰元票		
贰元票			总计		
合计金额(大写)零　佰　零　拾　零　万　零　仟　壹　佰　伍　拾　零　元　肆　角　零　分					

第二联购买单位记账凭证

（印章：厦门税务局业务章）

开票人：肖薇　　销售单位(盖章)：

94. 发票(见表 3-2-143)作废。2007 年 1 月 26 日,厦门永裕电子有限公司购买的 1 张棕色会议桌和 10 把高档办公椅,因质量问题退货。

表 3-2-143

3200063170　　**厦门 增值税专用发票**　　No 01831380

开票日期: 2007 年 1 月 23 日

记账联

购货单位			密码区				
名　称: 厦门永裕电子有限公司							
纳税人识别号: 350206764134901							
地址、电话: 厦门华昌路15号 6054702							
开户行及账号: 中行华昌支行9556646443101404							

货物或应税劳务名称	规格型号	单位	数量	单价	金额	税率	税额
棕色会议桌	张		2	7264.9573	14529.91	17%	2470.09
高档办公椅	把		20	735.0427	14700.85	17%	2499.15
合计					29230.76		4969.24
价税合计(大写)	叁万肆仟贰佰元整			(小写) ¥34200.00			

销售单位	备注
名　称: 厦门东方家具有限公司	
纳税人识别号: 350220060704115	
地址、电话: 厦门市兴山路89号 5665555	
开户行及账号: 中国银行厦门市分行营业部955660010026	厦门东方家具有限公司 350220060704115 发票专用章

第二联:发票联 购货方记账凭证

收款人:　　复核:　　开票人: 陆梅　　销货单位(章):

95. 红字出库单(见表 3-2-144)——收到退货。2007 年 1 月 26 日,厦门永裕电子有限公司购买的 1 张棕色会议桌和 10 把高档办公椅,因质量问题退货。对方将原开具的发票退回予以作废,同时按剩余数量开具发票。退货款用转账支票支付。

表 3-2-144

物资类别	

出　库　单　　N.o 0013152

年　月　日　　连续号ck01008

提货单位或领货部门		发票号码或生产单号码		发出仓库	第一仓库	出库日期	2007.1.26

编号	名称及规格	单位	数量		单价	金额	备注
			要数	实发			
合　计							

(二)记账联

财会部门主管　　记账　　保管部门主管 叶芹　　发货　　单位部门主管　　制单 张裕

填制出库单,红字(用负号表示红字)。

96. 红字发票——退货部分。2007 年 1 月 26 日,厦门永裕电子有限公司购买的 1 张棕色

会议桌和10把高档办公椅，因质量问题退货。对方将原开具的发票退回予以作废，同时按剩余数量开具发票。退货款用转账支票支付。由于原发票记账联已经记账，故应开出全部货物的红字发票，发票如表3-2-145所示。

表 3-2-145

3200063170　　　　**厦门 增值税专用发票**　　　　No 01831380

开票日期：　　　年　　月　　日

记账联

购货单位	名　称： 纳税人识别号： 地址、电话： 开户行及账号：			密码区				
货物或应税劳务名称		规格型号	单位	数量	单价	金额	税率	税额
合计								
价税合计（大写）					（小写）			
销售单位	名　称： 纳税人识别号： 地址、电话： 开户行及账号：			备注				

第三联：记账联　销货方记账凭证

收款人：　　　复核：　　　开票人：　陆梅　　　销货单位（章）：

97. 退货款。2007年1月26日，厦门永裕电子有限公司购买的1张棕色会议桌和10把高档办公椅，因质量问题退货。对方将原开具的发票退回予以作废，同时按剩余数量开具发票。退货款用转账支票支付(见表3-2-146)。

表 3-2-146

中国 银行　（闽）

转账支票存根

56891001

附加信息

出票日期　　　年　　月　　日

收款人	
金　额	
用　途	

单位主管　　　会计

98. 销售退货。2007 年 1 月 26 日，厦门永裕电子有限公司购买的 1 张棕色会议桌和 10 把高档办公椅，因质量问题退货。对方将原开具的发票退回予以作废，同时按剩余数量开具发票（见表 3-2-147）。退货款用转账支票支付。不通过往来，直接借记收入和税金，贷记银行存款。

表 3-2-147

3200063170　　　　厦门 增值税专用发票　　　　No 01831381

开票日期：　　年　　月　　日

记账联

购货单位	名　称： 纳税人识别号： 地址、电话： 开户行及账号：				密码区			
货物或应税劳务名称	规格型号	单位	数量	单价	金额	税率	税额	
合计								
价税合计（大写）				（小写）				
销售单位	名　称： 纳税人识别号： 地址、电话： 开户行及账号：				备注			

第三联：记账联　销货方记账凭证

收款人：　　复核：　　开票人：陆梅　　销货单位（章）：

99. 收到罚款。2007 年 1 月 26 日，因质检员刘杰在产品入库检验过程中把关不严，罚款 200.00 元，刘杰当日用现金交讫。收款收据如表 3-2-148 所示。

表 3-2-148

收　款　收　据　　N.O 0049002

年　　月　　日

今　收　到＿＿＿＿＿＿＿＿＿＿＿＿＿＿＿＿
交　来：＿＿＿＿＿＿＿＿＿＿＿＿＿＿＿＿＿＿
金额（大写）　拾　万　仟　佰　拾　元　角　分
¥＿＿＿＿＿　□ 现金　□ 支票　□ 信用卡　□ 其他　　收款单位（盖章）

第三联交财务

核准 xx　　会计 xx　　记账 xx　　出纳 xx　　经手人 xx

100. 2007 年 1 月 26 日，因质检员刘杰在产品入库检验过程中把关不严，罚款 200.00 元，刘杰当日用现金交讫。编制记账凭证。

101. 现金折扣。2007 年 1 月 27 日，收到厦门湖里家具城有限公司的货款，对方享受现金折扣(只有货款享受现金折扣，税金不享受现金折扣)。进账单如表 3-2-149 所示。

表 3-2-149

（ 中国 银行 ）进账单(收账通知) 3

2007 年 1 月 27 日

付款人	全 称	厦门湖里家具城有限公司	收款人	全 称	厦门东方家具有限公司
	账 号	95561002314508710		账 号	9556600100264582
	开户行	兴行龙昌支行		开户行	中国银行厦门市分行营业部
金 额	人民币(大写) 肆拾叁万叁仟肆佰陆拾壹元伍角肆分				
	票据种类	支票	中国银行厦门市分行营业部 转讫章		
	票据张数	壹张			
	复核 记账		收款人开户银行签章		

亿	千	百	十	万	千	百	十	元	角	分
		¥	4	3	3	4	6	1	5	4

此联是收款人开户银行交给收款人的收账凭证

102. 购无形资产。2007 年 1 月 27 日，销售部许飞负责向厦门网源软件有限公司采购的 CRM(客户管理系统)经调试正式投入使用，该软件采购价格为 10 000.00 元，收到对方开具的发票。款项已经支付，挂许飞个人借款，现冲销。

背景资料：销售发票如表 3-2-150 所示。

表 3-2-150

厦门 市货物销售发票

客户：厦门东方家具有限公 发票联 国 税 No. 货销万(3) 2007 年 1 月 27 日

品名	规格	单位	数量	单价	万	千	百	十	元	角	分
CRM软件		套	1	10000.00	1	0	0	0	0	0	0
合计人民币(大写) 壹 万 零 仟 零 佰 零 拾 零 元 零 角 零 分					1	0	0	0	0	0	0

(印章：厦门网源软件有限公司 发票专用章)

企业发票专用章 财务 复核 填票 秦韵

103. 增值税专用发票(见表 3-2-151)——委托代销。2007 年 1 月 28 日，收到广东潮州华美家具城有限公司传来的代销清单。华美家具本月共销售黑色办公桌和普通办公椅各 480 张，经确认无误。当日开具增值税专用发票，并确认手续费(假设收到对方开具的手续费发票)。收到对方的电汇单传真件，但货款尚在途中。

表 3-2-151

广东服务业发票

发票联

地税监
440170043

查询电话：69995551　　　　查询号码 114533

顾客名称：厦门东方家具有限公司　　　　2007 年 1 月 28 日

收费项目	数量	单价	金额 万	千	百	十	元	角	分	备注
代销手续费	1	18240.00		1	8	2	4	0	0	
合计人民币（大写）	壹万捌仟贰佰肆拾零元零角零分									

第二联：发票联

开票人：　　　收款人：齐起　　　开票单位(盖章)：广东潮州华美家具城有限公司 478036421000452 发票专用章

开票资料：

单位名称：广东潮州华美家具城有限公司。

税号：478036421000452。

地址、电话：潮州中山路 9 号，7012465。

开户行及账号：工行中山分理处，955880321045780。

104. 银行汇票。2007 年 1 月 28 日，收到福建南平富闽机械有限公司退回来的银行汇票结余款 20 000.00 元。

背景资料：银行汇票如表 3-2-152 所示。

表 3-2-152

中　国银行

银行汇票(多余款收账通知)　4

付款期限
壹个月

汇票号码

出票日期（大写） 贰零零⺡年零壹　月壹拾⺡日

代理付款行：中国银行厦门市分行行号：236

收款人：福建南平富闽机械有限公司　　　　账号：955885760013210

出票金额　人民币（大写）　捌拾万元整

实际结算金额　人民币（大写）　柒拾捌万元整

千	百	十	万	千	百	十	元	角	分
	¥	7	8	0	0	0	0	0	0

此联出票行作多余款后交申请人

申请人：厦门东方家具有限公司　　　　账号：9556600100264582

出票行：中国银行厦门市分行营业部　行号：236

中国银行厦门市分行营业部 讫章

备　注：

出票行签章

密押：	左列退回多余金额已收入你账户内
多余金额	

千	百	十	万	千	百	十	元	角	分

2007 年 1 月 28 日

105. 审计费。

(1) 转账支票——审计费。2007 年 1 月 28 日，请厦门信诺会计师事务所有限公司对公司 2006 年度的会计报表进行审计，审计费用为 5 000.00 元，当日用转账支票(见表 3-2-153)支付。

表 3-2-153

中国 银行 (闽)

转账支票存根

56891001

附加信息

出票日期 年 月 日

收款人	
金 额	
用 途	

单位主管 会计

(2) 付审计费。2007 年 1 月 28 日，请厦门信诺会计师事务所有限公司对公司 2006 年度的会计报表进行审计，审计费用为 5 000.00 元，当日用转账支票支付。

请根据转账支票存根编制记账凭证。

106. 入库单(见表 3-2-154)——办公桌入库。2007 年 1 月 29 日，装配车间办理产成品入库，其中白色办公桌 500 张，黑色办公桌 400 张，棕色会议桌 30 张。

表 3-2-154

物资类别	

入 库 单 N.o 0028501

年 月 日 连续号RK01003

交来单位及部门		发票号码或生产单号码		验收仓库	第一仓库	入库日期	2007.1.29			
编号	名称及规格	单位	数量		实际价格		计划价格		价格差异	
			交库	实收	单价	金额	单价	金额		
合计										

(三)记账联

财务部门主管 xx 记账 xx 保管部门主管 xx 验收 xx 单位部门主管 xx 缴库 xx

107. 入库单(见表 3-2-155)——办公椅入库。2007 年 1 月 29 日，装配车间办理产成品入库，其中普通办公椅 700 把，高档办公椅子 60 把。

表 3-2-155

物资类别	

入　库　单　　N.o 0028501

年　月　日　　连续号RK01004

交来单位及部门			发票号码或生产单号码			验收仓库	第一仓库	入库日期	2007.1.29	
编号	名称及规格	单位	数量		实际价格		计划价格		价格差异
			交库	实收	单价	金额	单价	金额	
合计									

（二）记账联

财务部门主管 xx　记账 x　保管部门主管 x　验收 xx　单位部门主管 xx　缴库 xx

108. 预付款。

（1）预付款项申请单（见表 3-2-156）——预付款。2007 年 1 月 29 日，预付深圳龙兴贸易有限公司货款 400 000.00 元，委托其进口高档板材。

单位名称：深圳龙兴贸易有限公司。

表 3-2-156

预付款项申请单

年　月　日

申请金额:	批准金额:	预付方式: 电汇
收款单位:	收款单位开户银行:	账号:
预付内容: 委托深圳龙兴贸易有限公司进口高档板材，预付款 合同(协议)总金额:　　已预付款: 附合同　份，书面协议　份，合同号		
预计到货或工程完工时间:　年　月　日		
批准人:　厂长:　总会计师:		
执行情况		

（1）存根联附传票

单位主管: xxx　申请人: xx　财务科长: xx　财务经办: xx

开户行及账号：深发展南山支行，200654701364139。

（2）银行电汇凭证（见表 3-2-157）——预付款。2007 年 1 月 29 日，预付深圳龙兴贸易有限公司货款 400 000.00 元，委托其进口高档板材。

单位名称：深圳龙兴贸易有限公司。

开户行及账号：深发展南山支行，200654701364139。

（3）预付款。2007 年 1 月 29 日，预付深圳龙兴贸易有限公司货款 400 000.00 元，委托其进口高档板材。请根据银行电汇凭证（回单）和预付款项申请单编制记账凭证。

109. 转账支票——货款。2007 年 1 月 29 日，向厦门沃尔玛百货有限公司购买洗衣粉、毛巾、肥皂、洗发水及沐浴露等福利用品发放给职工，共 4 650.00 元，款项当日用转账支票（见表 3-2-158）支付。

表 3-2-157

中国　银行电汇凭证（回单）　　1

委托日期　　　年　　月　　日

汇款人	全　称		收款人	全　称	
	账　　号			账　　号	
	汇出地点	省　　市/县		汇入地点	省　　市/县
汇出行名称			汇入行名称		
金额	人民币（大写）			亿 千 百 十 万 千 百 十 元 角 分	
汇出行签章			支付密码	*******	
			附加信息及用途：货款		
			复核：　　记账：		

此联汇出行给汇款人的回单

表 3-2-158

中国　银行（闽）

转账支票存根

56891001

附加信息

出票日期　　　年　　月　　日

收款人	
金　额	
用　途	

单位主管　　　会计

110. 支付福利费。2007 年 1 月 29 日，向厦门沃尔玛百货有限公司购买洗衣粉、毛巾、肥皂、洗发水及沐浴露等福利用品发放给职工，共 4 650.00 元，款项当日用转账支票支付。销售发票如表 3-2-159 所示。请编制记账凭证。

表 3-2-159

厦门　市货物销售发票

客户：厦门东方家具有限公　　　　发票联　　　　国　税 No.　货销万(3) 2007　年 1　月 29　日

品名	规格	单位	数量	单价	万	千	百	十	元	角	分
日用品		批	1	4650.00		4	6	5	0	0	0
合计人民币（大写）　零 万 肆 仟 陆 佰 伍 拾 零 元 零 角 零 分					¥	4	6	5	0	0	0

（印章：厦门沃尔玛百货有限公司 3344465677788 发票专用章）

企业发票专用章　　　财务　　　复核　　　填票 兰天

111. 2007 年 1 月 30 日，对原材料、低值易耗品、包装物、库存商品盘点，除发现低值易耗品工具丢失 1 把外，其余均账实相符。存货盘点报告表如表 3-2-160 所示。

表 3-2-160

存货盘点报告表

2007 年 1 月 30 日

企业名称：厦门东方家具有限公司

存货类别	存货名称	计量单位	数量		盘余		亏短		盈亏原因
			账存	实存	数量	计划成本	数量	计划成本	
周转材料	低值易耗品	件	20	19			1	150.00	陈棋丢失
周转材料	低值易耗品	件	19	19					
周转材料	低值易耗品	个	900	900					

会计主管：王志　　保管员：王世杰　　盘点人：王平

112. 存货盘方处理。

(1) 收款收据(见表 3-2-161)——赔偿款。2007 年 1 月 31 日，经确认，丢失的工具为木工车间陈棋保管不善造成，由陈棋个人赔偿 175.50 元，当日用现金收讫。

表 3-2-161

收款收据

N.O 0049002

年 月 日

今收到______________________________

交来：______________________________

金额（大写） 拾 万 仟 佰 拾 元 角 分

¥________ □现金 □支票 □信用卡 □其他 收款单位（盖章）

第三联交财务

核准　　会计　　记账　　出纳 孙朋　　经手人

(2) 收到赔款。2007 年 1 月 31 日，经确认，丢失的工具为木工车间陈棋保管不善造成，由陈棋个人赔偿 175.50 元，当日用现金收讫，盘方处理意见如表 3-2-162 所示。

表 3-2-162

盘亏处理意见

公司领导：

在2007年1月29日的财产盘点中，发现木工车间陈棋因保管不善，丢失工具一把，该工具采购价为175.50元（含税），由陈棋本人负责赔偿，限其2007年1月31日前将赔款交财务部。妥否，请批示！

办公室：张跃

2007年1月30日

本人同意赔偿！

陈棋

同意！

王志

同意！

李佳

请根据收款收据(第 112(1)个实训)编制记账凭证。

113. 职工薪酬业务。

(1) 工资总额汇总表。根据相关资料(见表 3-2-163)填制工资总额汇总表(见表 3-2-164)。注:保留 2 位小数。

表 3-2-163

厦门东方家具有限公司工资表

2007 年 1 月

部门	姓名	职务	类别	基本工资	岗位工资	交通费补贴	通讯费补贴	津贴	奖金	加班工资	考勤扣款	应发工资合计	社保费11%	应税工资	个人所得税	实发工资
办公室	李佳	总经理	管理人员	2000.00	3000.00	500.00	500.00		2000.00			8000.00	880.00	7120.00	729.00	6391.00
办公室	张跃	主任	管理人员	1500.00	2000.00	200.00	200.00		500.00			4400.00	484.00	3916.00	222.40	3693.60
办公室	孙瑶	人事	管理人员	800.00	1000.00	50.00	50.00		100.00			2000.00	220.00	1780.00	9.00	1771.00
办公室	刘海	司机	管理人员	600.00	800.00		50.00	200.00				1650.00	181.50	1468.50		1468.50
办公室	曾加	司机	管理人员	600.00	750.00		50.00	200.00				1600.00	176.00	1424.00		1424.00
财务部	王志	经理	管理人员	1500.00	2500.00	200.00	300.00		1000.00			5500.00	605.00	4895.00	369.25	4525.75
账务部	陆梅	会计	管理人员	1000.00	1000.00	50.00	50.00		500.00			2600.00	286.00	2314.00	46.40	2267.60
财务部	王平	会计	管理人员	800.00	1000.00	50.00	50.00		200.00			2100.00	231.00	1869.00	13.45	1855.55
财务部	孙朋	出纳	管理人员	600.00	800.00	100.00	100.00		200.00			1800.00	198.00	1602.00	0.10	1601.90
采购部	王薇	经理	管理人员	1500.00	2200.00	200.00	300.00		700.00			4900.00	539.00	4361.00	289.15	4071.85
采购部	郭力	采购员	管理人员	1000.00	1000.00	50.00	100.00		300.00			2450.00	269.50	2180.50	33.05	2147.45
销售部	许飞	经理	管理人员	1000.00	1000.00	300.00	400.00		2500.00			5200.00	572.00	4628.00	329.20	4298.80
销售部	游奇伟	采购员	管理人员	600.00	600.00	100.00	300.00		1000.00			2600.00	286.00	2314.00	46.40	2267.60
销售部	刘卫	采购员	管理人员	600.00	600.00	100.00	300.00		1500.00			3100.00	341.00	2759.00	90.90	2668.10
销售部	李婷	采购员	管理人员	600.00	600.00	100.00	300.00		1800.00			3400.00	374.00	3026.00	117.60	2908.40
研发部	郑凡	经理	管理人员	1500.00	2500.00	200.00	300.00		2000.00			6500.00	715.00	5785.00	502.75	5282.25
研发部	周迎春	设计人员	管理人员	800.00	1000.00	50.00	50.00		800.00			2700.00	297.00	2403.00	55.30	2347.70
研发部	陈震	设计人员	管理人员	800.00	800.00	50.00	50.00		600.00			2300.00	253.00	2047.00	22.35	2024.65
生产部	许青	计划	管理人员	1000.00	1200.00	100.00	100.00		500.00			2900.00	319.00	2581.00	73.10	2507.90
生产部	刘杰	质检	管理人员	600.00	800.00	50.00	50.00		300.00			1800.00	198.00	1602.00	0.10	1601.90
物料部	赵敏	物控	管理人员	600.00	800.00	50.00	50.00		200.00			1700.00	187.00	1513.00		1513.00
物料部	叶芹	成品库仓管	管理人员	800.00	800.00				100.00		50.00	1650.00	181.50	1468.50		1468.50
物料部	王世杰	材料库仓管	管理人员	800.00	800.00				100.00	300.00		2000.00	220.00	1780.00	9.00	1771.00
木工车间	廖汉文	主任	车间管理	800.00	1200.00	100.00	100.00	100.00	300.00	600.00		3200.00	352.00	2848.00	99.80	2748.20
木工车间	陈棋	工人	基本生产	400.00	450.00			100.00		650.00		1600.00	176.00	1424.00		1424.00
木工车间	江斌	工人	基本生产	400.00	450.00			100.00		650.00		1600.00	176.00	1424.00		1424.00
木工车间	吴桐	工人	基本生产	400.00	450.00			100.00				950.00	104.50	845.50		845.50
木工车间	白杰	工人	基本生产	400.00	450.00			100.00		500.00		1450.00	159.50	1290.50		1290.50
木工车间	周丽	工人	基本生产	400.00	450.00			100.00		300.00		1250.00	137.50	1112.50		1112.50
油漆车间	王茂才	主任	车间管理	800.00	1200.00	100.00	100.00		300.00	550.00		3050.00	335.50	2714.50	86.45	2628.05
油漆车间	阳阳	工人	基本生产	400.00	650.0					550.00		1600.00	176.00	1424.00		1424.00
油漆车间	赵林	工人	基本生产	400.00	650.00					550.00		1600.00	176.00	1424.00		1424.00
装配车间	董如	主任	车间管理	800.00	1000.00	100.00	100.00		300.00	250.00		2550.00	280.50	2269.50	41.95	2227.55
装配车间	张涛	工人	基本生产	400.00	350.00					250.00		1000.00	110.00	890.00		890.00
装配车间	李英	工人	基本生产	400.00	350.00					250.00		1000.00	110.00	890.00		890.00
装配车间	张雄	工人	基本生产	400.00	350.00					250.00		1000.00	110.00	890.00		890.00
装配车间	刘小五	工人	基本生产	400.00	350.00					250.00		1000.00	110.00	890.00		890.00
装配车间	柳如风	工人	基本生产	400.00	350.00					250.00		1000.00	110.00	890.00		890.00
机修车间	王松	主任	辅助生产	800.00	1200.00	100.00	100.00		400.00	500.00		3100.00	341.00	2759.00	90.90	2668.10
机修车间	秦伟	设备维修	辅助生产	400.00	600.00					350.00		1350.00	148.50	1201.50		1201.50
机修车间	何永	水电维修	辅助生产	400.00	600.00					350.00		1350.00	148.50	1201.50		1201.50
合计				30400.00	38650.00	2900.00	4050.00	1000.00	18200.00	7350.00	50.00	102500.00	11275.00	91225.00	3277.60	87947.40

总经理　李佳　　财务经理　王志　　办公室　张跃　　制表　孙瑶

表 3-2-164

工资总额汇总表

年 月 日

部门	车间管理	福利人员	辅助生产	基本生产	企业管理	销售	总计
办公室							
财务部							
采购部							
销售部							
研发部							
生产部							
物料部							
木工车间							
油漆车间							
装配车间							
机修车间							
总计							

财务主管：王志　　　　制表：王平

(2) 工资分配表(见表 3-2-165)。根据工资计算表及工资汇总表中基本生产工资及各生产车间工时(见表 3-2-167),计算工资费用分配表。各生产车间工时见“请查阅相关资料”。注:金额保留 2 位小数,分配率保留四舍五入,如因四位小数,尾数四舍五入造成差异的,一律调整到最后一项数据。

表 3-2-165

工资分配表

产品名称	木工车间			油漆车间			装配车间			分配工资额合计
	工时	分配率	分配工资额	工时	分配率	分配工资额	工时	分配率	分配工资额	
合计										

(3) 计提工资。2007 年 1 月 31 日,计算本月工资。

根据工资分配表和工资汇总表(见表 3-2-168),按工资费用总额填制记账凭证。

表 3-2-167

各车间生产工时统计表

车间名称	黑色办公桌	白色办公桌	棕色会议桌	普通办公椅	高档办公椅	合计
木工车间	500	350	500	250	150	1750
油漆车间	250	150	400	100	200	1100
装配车间	450	250	500	200	100	1500
合计	1200	750	1400	550	450	4350

表 3-2-168

厦门东方家具有限公司工资表

2007 年 1 月

部门	姓名	职务	类别	基本工资	岗位工资	交通费补贴	通讯费补贴	津贴	奖金	加班工资	考勤扣款	应发工资合计	社保费11%	应税工资	个人所得税	实发工资
办公室	李佳	总经理	管理人员	2000.00	3000.00	500.00	500.00		2000.00			8000.00	880.00	7120.00	729.00	6391.00
办公室	张跃	主任	管理人员	1500.00	2000.00	200.00	200.00		500.00			4400.00	484.00	3916.00	222.40	3693.60
办公室	孙瑶	人事	管理人员	800.00	1000.00	50.00	50.00		100.00			2000.00	220.00	1780.00	9.00	1771.00
办公室	刘海	司机	管理人员	600.00	800.00		50.00	200.00				1650.00	181.50	1468.50		1468.50
办公室	曾加	司机	管理人员	600.00	750.00		50.00	200.00				1600.00	176.00	1424.00		1424.00
财务部	王志	经理	管理人员	1500.00	2500.00	200.00	300.00		1000.00			5500.00	605.00	4895.00	369.25	4525.75
账务部	陆梅	会计	管理人员	1000.00	1000.00	50.00	50.00		500.00			2600.00	286.00	2314.00	46.40	2267.60
财务部	王平	会计	管理人员	800.00	1000.00	50.00	50.00		200.00			2100.00	231.00	1869.00	13.45	1855.55
财务部	孙朋	出纳	管理人员	600.00	800.00	100.00	100.00		200.00			1800.00	198.00	1602.00	0.10	1601.90
采购部	王薇	经理	管理人员	1500.00	2200.00	200.00	300.00		700.00			4900.00	539.00	4361.00	289.15	4071.85
采购部	郭力	采购员	管理人员	1000.00	1000.00	50.00	100.00		300.00			2450.00	269.50	2180.50	33.05	2147.45
销售部	许飞	经理	管理人员	1000.00	1000.00	300.00	400.00		2500.00			5200.00	572.00	4628.00	329.20	4298.80
销售部	游奇伟	采购员	管理人员	600.00	600.00	100.00	300.00		1000.00			2600.00	286.00	2314.00	46.40	2267.60
销售部	刘卫	采购员	管理人员	600.00	600.00	100.00	300.00		1500.00			3100.00	341.00	2759.00	90.90	2668.10
销售部	李婷	采购员	管理人员	600.00	600.00	100.00	300.00		1800.00			3400.00	374.00	3026.00	117.60	2908.40
研发部	郑凡	经理	管理人员	1500.00	2500.00	200.00	300.00		2000.00			6500.00	715.00	5785.00	502.75	5282.25
研发部	周迎春	设计人员	管理人员	800.00	1000.00	50.00	50.00		800.00			2700.00	297.00	2403.00	55.30	2347.70
研发部	陈震	设计人员	管理人员	800.00	800.00	50.00	50.00		600.00			2300.00	253.00	2047.00	22.35	2024.65
生产部	许青	计划	管理人员	1000.00	1200.00	100.00	100.00		500.00			2900.00	319.00	2581.00	73.10	2507.90
生产部	刘杰	质检	管理人员	600.00	800.00	50.00	50.00		300.00			1800.00	198.00	1602.00	0.10	1601.90
物料部	赵敏	物控	管理人员	600.00	800.00	50.00	50.00		200.00			1700.00	187.00	1513.00		1513.00
物料部	叶芹	成品库仓管	管理人员	800.00	800.00				100.00		50.00	1650.00	181.50	1468.50		1468.50
物料部	王世杰	材料库仓管	管理人员	800.00	800.00				100.00	300.00		2000.00	220.00	1780.00	9.00	1771.00
木工车间	廖汉文	主任	车间管理	800.00	1200.00	100.00	100.00	100.00	300.00	600.00		3200.00	352.00	2848.00	99.80	2748.20
木工车间	陈棋	工人	基本生产	400.00	450.00			100.00		650.00		1600.00	176.00	1424.00		1424.00
木工车间	江斌	工人	基本生产	400.00	450.00			100.00		650.00		1600.00	176.00	1424.00		1424.00
木工车间	吴桐	工人	基本生产	400.00	450.00			100.00				950.00	104.50	845.50		845.50
木工车间	白杰	工人	基本生产	400.00	450.00			100.00		500.00		1450.00	159.50	1290.50		1290.50
木工车间	周丽	工人	基本生产	400.00	450.00			100.00		300.00		1250.00	137.50	1112.50		1112.50
油漆车间	王茂才	主任	车间管理	800.00	1200.00	100.00	100.00		300.00	550.00		3050.00	335.50	2714.50	86.45	2628.05
油漆车间	阳阳	工人	基本生产	400.00	650.0					550.00		1600.00	176.00	1424.00		1424.00
油漆车间	赵林	工人	基本生产	400.00	650.00					550.00		1600.00	176.00	1424.00		1424.00
装配车间	董如	主任	车间管理	800.00	1000.00	100.00	100.00		300.00	250.00		2550.00	280.50	2269.50	41.95	2227.55
装配车间	张涛	工人	基本生产	400.00	350.00					250.00		1000.00	110.00	890.00		890.00
装配车间	李英	工人	基本生产	400.00	350.00					250.00		1000.00	110.00	890.00		890.00
装配车间	张雄	工人	基本生产	400.00	350.00					250.00		1000.00	110.00	890.00		890.00
装配车间	刘小五	工人	基本生产	400.00	350.00					250.00		1000.00	110.00	890.00		890.00
装配车间	柳如风	工人	基本生产	400.00	350.00					250.00		1000.00	110.00	890.00		890.00
机修车间	王松	主任	辅助生产	800.00	1200.00	100.00	100.00		400.00	500.00		3100.00	341.00	2759.00	90.90	2668.10
机修车间	秦伟	设备维修	辅助生产	400.00	600.00					350.00		1350.00	148.50	1201.50		1201.50
机修车间	何永	水电维修	辅助生产	400.00	600.00					350.00		1350.00	148.50	1201.50		1201.50
合计				30400.00	38650.00	2900.00	4050.00	1000.00	18200.00	7350.00	50.00	102500.00	11275.00	91225.00	3277.60	87947.40

总经理　李佳　　财务经理　王志　　办公室　张跃　　制表　孙瑶

(4) 个人所得税及代扣个人保险费。2007年1月31日,根据工资计算表,提取个人所得税和社保费(个人承担部分),并填制记账凭证。

(5) 福利费总额汇总表(见表3-2-169)。根据工资总额汇总表(第113(1)个实训),按14%计提福利费,并填制福利费总额汇总表。

表 3-2-169

福利费总额汇总表

年 月 日

部门	车间管理	福利人员	辅助生产	基本生产	企业管理	销售	总计
办公室							
财务部							
采购部							
销售部							
研发部							
生产部							
物料部							
木工车间							
油漆车间							
装配车间							
机修车间							
总计							

(6) 福利费分配表(见表3-2-170)。根据福利费汇总表(见表3-2-171)及各生产车间工时(见表3-2-172),计算工资费用分配表。各生产车间工时见“请查阅相关资料”。注:金额保留2位小数,分配率保留4位小数,采用四舍五入法,如因四舍五入造成差异的,一律调整到最后一项数据。

表 3-2-170

福利费分配表

产品名称	木工车间			油漆车间			装配车间			分配福利额合计
	工时	分配率	分配福利额	工时	分配率	分配福利额	工时	分配率	分配福利额	
黑色办公桌										
白色办公桌										
棕色会议桌										
普通办公椅										
高档办公椅										
合计										

表 3-2-171

各车间生产工时统计表

车间名称	黑色办公桌	白色办公桌	棕色会议桌	普通办公椅	高档办公椅	合计
木工车间	500	350	500	250	150	1750
油漆车间	250	150	400	100	200	1100
装配车间	450	250	500	200	100	1500
合计	1200	750	1400	550	450	4350

表 3-2-172

福利费总额汇总表

2007　年 1　月 31 日

部门	车间管理	福利人员	辅助生产	基本生产	企业管理	销售	总计
办公室					2471.00		2471.00
财务部					1680.00		1680.00
采购部					1029.00		1029.00
销售部						2002.00	2002.00
研发部					1610.00		1610.00
生产部					658.00		658.00
物料部					749.00		749.00
木工车间	448.00			959.00			1407.00
油漆车间	427.00			448.00			875.00
装配车间	357.00			700.00			1057.00
机修车间			812.00				812.00
总计	1232.00		812.00	2107.00	8197.00	2002.00	14350.00

财务主管：王志　　　　制表：王平

(7) 福利费。根据福利费汇总表及福利费分配表，按福利费用总额填制记账凭证。

(8) 工会经费。按应发工资数的 2%计提工会经费并填制记账凭证。

(9) 社会保险。按应发工资为基数计提公司应承担的社会保险费(其中公司承担基本养老保险 14%、医疗保险 8%、失业保险 2%、工伤保险 1%、生育保险 0.8%)。(尾数调整在“生产成本—基本生产成本—高档办公椅—直接人工”中调整)。

114. 分摊材料成本差异。

(1) 发料汇总表(见表 3-2-173)。根据本月的发料单，编制发料汇总表，以便计算材料成本差异。

表 3-2-173

发料汇总表

类别		白色办公桌	黑色办公桌	棕色会议桌	普通办公椅	高档办公椅	在建工程	制作费用?装配车间	辅助生产成本	销售费用	合计
原材料	特殊胶合板										
	普通胶合板										
	白色油漆										
	黑色油漆										
	棕色油漆										
	酒精										
周转材料	包装物										
合计											

注：所有数据都保留 2 位小数。

(2) 填制材料成本差异分配表(见表 3-2-174)。首先计算材料成本差异分配率，计算公式如下：

$$材料成本差异率=\frac{(月初结存材料成本差异+本月收入材料成本差异)}{(月初结存材料计划成本+本期收入材料计划成本)}$$

其中，材料包含原材料和包装物。其次，根据发料汇总表计算各项目应承担的材料成本差异。第三，根据上述计算结果，填制材料成本差异分配表。(注：材料成本差异率保留 6 位小数，分摊金额保留 2 位)小数，四舍五入。

表 3-2-174

材料成本差异分配表

项目	领料额	分配率	分摊材料成本差异额
白色办公桌			
黑色办公桌			
棕色会议桌			
普通办公椅			
高档办公椅			
在建工程			
制造费用－装配车间			
辅助生产成本			
销售费用			
合计			

(3) 分摊材料成本差异。根据材料成本差异分配表填制分摊材料成本差异的记账凭证。

注：费用计入生产发料时计入的相应科目。

115. 固定资产验收。

(1) 固定资产验收单(见表 3-2-175)——在建工程完工。2007 年 1 月 31 日，木工设备安装调试完成，当日办理验收手续并投入使用。

表 3-2-175

固定资产验收单

年　　月　　日　　　　　　　　编号100010

名　称	规格型号		来源	数量	购(造)价	使用年限	预计残值
安装费	月折旧率		建造单位		交工日期	附件	
					年　月　日		
验收部门	办公室	验收人员	张跃	管理部门	木工车间	管理人员	廖汉文
备注							

$$月折旧额=\frac{(固定资产原值-固定资产预计残值)}{(预计可使用年数\times 12)}$$

月折旧率＝月折旧额/固定资产原值

注：月折旧率保持 6 位小数。

(2) 固定资产完工。2007 年 1 月 31 日，木工设备安装调试完成，当日办理验收手续并投入使用。

116. 无形资产摊销。

(1) 填制无形资产摊销表(见表 3-2-176)。摊销本月无形资产。假定本月购进的 CRM 软件合同规定的使用期限为 3 年。

表 3-2-176

无形资产摊销表

年　　月　　日

项目	原值	购入日期	应摊销月数	已摊销额	本月摊销数	累计摊销额	未摊销额
合计							

(2) 摊销无形资产。根据无形资产摊销表填制记账凭证。

117. 计提折旧。

(1) 填制折旧费用分配表(见表 3-2-177)。根据固定资产折旧表(见表 3-2-178)填制折旧费用分配表;并保留 2 位小数。

表 3-2-177

固定资产折旧费用分配表

年　　月　　日

部门	销售费用	辅助生产成本	管理费用	制造费用	合计
办公室					
财务部					
采购部					
技术部					
生产部					
销售部					
机修车间					
木工车间					
油漆车间					
装配车间					
物料部					
总计					

财务主管:　　　　　　　　　　　　　　　　　　　　制表: 王平

(2) 折旧。根据固定资产折旧表和折旧分配表填制记账凭证。

注:因货车有出租给华联商厦使用,因此,其折旧由销售部和出租对半分摊,即一半进其他业务成本,一半进“销售费用—折旧”。

118. 成本业务。

(1) 填制辅助生产成本分配表(见表 3-2-179)。根据本月发生的经济业务汇总的辅助生产成本及机修车间生产工时分配辅助生产成本。分配率保留 5 位小数,分配额保留 2 位小数,差异在最后一次处理。

表 3-2-178

固定资产折旧表

单位名称： 厦门东方家具有限公司　　　　2007 年 1 月 31 日

固定资产编号	名称	单位	数量	所在部门	开始使用日期	可使用期限（年）	原值	残值率（%）	已计提折旧期限（月）	本月折旧额	至本月止累计折旧额	固定资产净值
100001	木工设备	套	1	木工车间	2005.10	10	700000.00	5.00	15	5541.68	83125.20	616874.80
100002	木工设备	套	1	木工车间	2005.10	10	800000.00	5.00	15	6333.33	94999.95	705000.05
100003	木工设备	套	1	木工车间	2005.10	10	650000.00	5.00	15	5145.83	77187.45	572812.55
100004	喷涂设备	套	1	油漆车间	2005.10	10	200000.00	5.00	15	1583.33	23749.95	176250.05
100005	生产线	条	1	装配车间	2005.10	10	350000.00	5.00	15	2770.83	41562.45	308437.55
100006	生产线	条	1	装配车间	2006.06	10	400000.00	5.00	7	3166.67	21666.69	377833.31
100007	维修设备	套	1	机修车间	2005.10	10	100000.00	5.00	15	791.67	11875.05	44062.55
100008	维修工具	套	1	机修车间	2005.10	10	50000.00	5.00	15	395.83	5937.45	44062.55
100009	叉车	辆	1	物料部	2006.06	10	50000.00	5.00	7	395.83	2770.81	47229.19
100010	木工设备	套	1	木工车间	2007.01	10	812450.10	5.00				812450.10
200002	货车	辆	1	销售部	2006.02	12	80000.00	5.00	11	527.78	5805.58	74194.42
200003	轿车（伊兰	辆	1	办公室	2007.01	12	160380.00	5.00				160380.00
300001	办公设备	套	1	办公室	2005.10	5	30000.00	5.00	15	475.00	7125.00	22875.00
300002	办公设备	套	1	财务部	2005.10	5	30000.00	5.00	15	475.00	7125.00	22875.00
300003	办公设备	套	1	采购部	2005.10	5	30000.00	5.00	15	475.00	7125.00	22875.00
300004	办公设备	套	1	技术部	2005.10	5	30000.00	5.00	15	475.00	7125.00	22875.00
300005	办公设备	套	1	生产部	2005.10	5	30000.00	5.00	15	475.00	7125.00	22875.00
300006	打印机	台	1	办公室	2005.10	5	10000.00	5.00	15	158.33	2374.95	7625.05
300007	复印机	台	1	办公室	2005.10	5	20000.00	5.00	15	316.67	4750.05	15249.95
合计							4532830.10			29502.78		4120899.52

审核： 王志　　　　编制： 王平

表 3-2-179

辅助生产成本分配表

年　月　日

部门	耗用工时（小时）	分配率	分配金额
木工车间			
油漆车间			
装配车间			
其他管理部门			
合计			

财务主管 王志　　　　制表 王平

机修车间生产工时统计表如表 3-2-180 所示。

表 3-2-180

机修车间生产工时统计表

耗用部门	耗用工时
木工车间	600
油漆车间	100
装配车间	200
其他管理部门	100
合计	1000

(2) 分配辅助生产成本。根据生产工时(背景文件附件)，分配辅助生产成本费用(第119(1)个实训)。根据辅助生产成本分配表填制记账凭证。

119. 填制制造费用分配表(木工车间)(见表 3-2-181)。根据本月业务归集的制造费用，按木工车间的生产工时分配到各产品成本中，其中分配率保留 6 位小数，金额保留 2 位小数，差异在最后调整。生产工时如表 3-2-182 所示。

表 3-2-181

制造费用分配表

车间:木工车间　　　　年　　月　　　　单位 元

分配对象	分配标准 (　　)	分配率 (　　)	分配金额
合计			

表 3-2-182

各车间生产工时统计表

车间名称	黑色办公桌	白色办公桌	棕色会议桌	普通办公椅	高档办公椅	合计
木工车间	500	350	500	250	150	1750
油漆车间	250	150	400	100	200	1100
装配车间	450	250	500	200	100	1500
合计	1200	750	1400	550	450	4350

120. 填制制造费用分配表(油漆车间)(见表 3-2-183)。根据本月业务归集的制造费用，

按油漆车间的生产工时分配到各产品成本中，其中分配率保留 6 位小数，金额保留 2 位小数，差异在最后调整。生产工时如表 3-2-184 所示。

表 3-2-183

制造费用分配表

车间：油漆车间　　　　年　　月　　　　单位 元

分配对象	分配标准 (　　)	分配率 (　　)	分配金额
白色办公桌			
黑色办公桌			
棕色会议桌			
普通办公椅			
高档办公椅			
合计			

表 3-2-184

各车间生产工时统计表

车间名称	黑色办公桌	白色办公桌	棕色会议桌	普通办公椅	高档办公椅	合计
木工车间	500	350	500	250	150	1750
油漆车间	250	150	400	100	200	1100
装配车间	450	250	500	200	100	1500
合计	1200	750	1400	550	450	4350

121. 填制制造费用分配表（装配车间）（见表 3-2-185）。根据本月业务归集的制造费用，按装配车间的生产工时分配到各产品成本中，其中分配率保留 6 位小数，金额保留 2 位小数，差异在最后调整。生产工时如表 3-2-186 所示。

表 3-2-185

制造费用分配表

车间:装配车间　　　　　　　　年　　月　　　　　　　　单位 元

分配对象	分配标准 (　　　　)	分配率 (　　　　)	分配金额
白色办公桌			
黑色办公桌			
棕色会议桌			
普通办公椅			
高档办公椅			
合计			

表 3-2-186

各车间生产工时统计表

车间名称	黑色办公桌	白色办公桌	棕色会议桌	普通办公椅	高档办公椅	合计
木工车间	500	350	500	250	150	1750
油漆车间	250	150	400	100	200	1100
装配车间	450	250	500	200	100	1500
合计	1200	750	1400	550	450	4350

122. 分配木工车间制造费用。根据木工车间的制造费用分配表,填制木工车间分配制造费用的记账凭证。

123. 分配油漆车间制造费用。根据油漆车间的制造费用分配表,填制油漆车间分配制造费用的记账凭证。

124. 分配装配车间制造费用。根据装配车间的制造费用分配表,填制装配车间分配制造费用的记账凭证。

125. 成本业务——结转完工产品成本。

(1) 填制生产入库统计表(见表 3-2-187)。根据本月的业务资料,编制生产入库统计表,为结转产品入库成本做准备。

表 3-2-187

生产入库统计表

产品名称	入库数量	备注
白色办公桌		
黑色办公桌		
棕色办公桌		
普通办公椅		
高档办公椅		
合计		

审核:王志　　制表:王平

(2) 填制产品成本计算表(白色办公桌)(见表 3-2-188)。根据约当产量法计算本月生产成本。根据盘点,1 月 31 日车间在产品的数量如下:白色办公桌 500 张,黑色办公桌 400 张,棕色会议桌 35 张,普通办公椅 300 把,高档办公椅 100 把。这些产品原材料投入及完工程度约为 50%。计算过程中,金额保留 2 位小数,单位成本保留 4 位小数。

$$\text{单位成本}=\frac{\text{成本合计}}{(\text{完工产品产量}+\text{月末在产品约当产量})}$$

$$\text{月末在产品成本}=\text{单位成本}\times\text{月末在产品约当产量}$$

$$\text{完工产品成本}=\text{成本合计}-\text{月末在产品成本}。$$

表 3-2-188

完工产品与月末在产品成本分配表

年　月　日

产品:白色办公桌

成本项目	月初在产品成本	本月生产费用	合计	完工产品产量	月末在产品产量	月末在产品约当产量	单位成本	月末在产品成本	完工产品成本
直接材料									
直接人工									
制造费用									
合计									

审核:王志　　编制:王平

(3) 填制产品成本计算表(黑色办公桌)(见表 3-2-189)。

表 3-2-189

完工产品与月末在产品成本分配表

年　月　日

产品:黑色办公桌

成本项目	月初在产品成本	本月生产费用	合计	完工产品产量	月末在产品产量	月末在产品约当产量	单位成本	月末在产品成本	完工产品成本
直接材料									
直接人工									
制造费用									
合计									

审核:王志　　编制:王平

(4) 填制产品成本计算表(棕色会议桌)(见表 3-2-190)。

表 3-2-190

完工产品与月末在产品成本分配表

年 月 日

产品：棕色会议桌

成本项目	月初在产品成本	本月生产费用	合计	完工产品产量	月末在产品产量	月末在产品约当产量	单位成本	月末在产品成本	完工产品成本
直接材料									
直接人工									
制造费用									
合计									

审核：王志　　　　编制：王平

(5) 填制产品成本计算表(普通办公椅)(见表 3-2-191)。

表 3-2-191

完工产品与月末在产品成本分配表

年 月 日

产品：普通办公椅

成本项目	月初在产品成本	本月生产费用	合计	完工产品产量	月末在产品产量	月末在产品约当产量	单位成本	月末在产品成本	完工产品成本
直接材料									
直接人工									
制造费用									
合计									

审核：王志　　　　编制：王平

(6) 填制产品成本计算表(高档办公椅)(见表 3-2-192)。

表 3-2-192

完工产品与月末在产品成本分配表

年 月 日

产品：高档办公椅

成本项目	月初在产品成本	本月生产费用	合计	完工产品产量	月末在产品产量	月末在产品约当产量	单位成本	月末在产品成本	完工产品成本
直接材料									
直接人工									
制造费用									
合计									

审核：王志　　　　编制：王平

(7) 结转完工白色办公桌。根据产品成本计算表(白色办公桌),编制记账凭证。

(8) 结转完工黑色办公桌。根据产品成本计算表(黑色办公桌),编制记账凭证。

(9) 结转完工棕色会议桌。根据产品成本计算表(棕色会议桌),编制记账凭证。

(10) 结转完工普通办公椅。根据产品成本计算表(普通办公椅),编制记账凭证。

(11) 结转完工高档办公椅。根据产品成本计算表(高档办公椅),编制记账凭证。

126. 填制库存商品发出统计表(见表 3-2-193)。根据本月的经济业务,统计库存商品发出数量,并填制库存商品发出统计表。

表 3-2-193

库存商品发出统计表

2007 年 1 月 31 日

产品名称	普通销售	分期收款销售	委托代销	合计
合计				

127. 填制发出产品成本计算表(见表 3-2-194)。根据库存商品发出统计表,填制本月库存商品发出成本计算表。单价保留 4 位小数,金额保留 2 位小数。

表 3-2-194

发出产品成本计算表

年　月　日

单位：元

产品名称	期初结存产品成本			本月完工入库产品成本			本月发出产品成本			月末结存产品成本		
	数量	单位成本	总成本	数量	单位成本	总成本	数量	单位成本	总成本	数量	单位成本	总成本
白色办公桌												
黑色办公桌												
棕色会议桌												
普通办公椅												
高档办公椅												
合计												

财务主管：　王志　　　　制表：　王平

$$加权平均单价=\frac{(期初库存商品成本+本期产成品入库成本)}{(期初库存商品数量+本期产成品数量)}$$

本月库存商品发出成本＝加权平均单价×本月发出商品数量

128. 结转委托代销商品。根据发出产品成本计算表及库存商品发出统计表,结转委托代销商品发出成本。

129. 结转分期收款销售商品成本。根据发出产品成本计算表及库存商品发出统计表,结转分期收款发出商品发出成本。

130. 结转普通销售商品成本。根据发出产品成本计算表及库存商品发出统计表,结转普通销售产品的销售成本。

131. (1) 填制委托代销商品成本计算表(见表 3-2-195)。根据本月业务,根据实际结算的委托代销商品,结转本月实现销售的委托代销商品成本。单价保留 4 位小数,金额保留 2 位小数。

表 3-2-195

委托代销商品成本计算表

年　月　日　　　　单位：元

产品名称	期初结存代销商品成本			本月增加代销商品成本			本月减少代销商品成本			月末结存代销商品成本		
	数量	单位成本	总成本	数量	单位成本	总成本	数量	单位成本	总成本	数量	单位成本	总成本
黑色办公桌												
普通办公椅												
合计												

财务主管：王志　　　　制表：王平

(2) 结转委托代销商品的销售成本。根据上述计算的委托代销商品成本，填制记账凭证。

三、期末账项调整及相关事项处理

(一) 银行对账业务

编制银行存款余额调节表(见表 3-3-1)。

根据银行对账单(见表 3-3-2)，编制银行存款余额调节表。

表 3-3-1

摘要	入账日期凭证号	金额 亿	千	百	十	万	千	百	十	元	角	分	摘要	入账日期凭证号	金额 亿	千	百	十	万	千	百	十	元	角	分
《银行存款日记账》余额													《银行对账单》余额												
加:银行已收,企业未收;													加:企业已收,银行未收;												
1													1												
2													2												
3													3												
4													4												
5													5												
6													6												
7													7												
减:银行已付,企业未付;													减:企业已付,银行未付;												
1													1												
2													2												
3													3												
4													4												
5													5												
6													6												
7													7												
8													8												
9													9												
10													10												
11													11												
12													12												
调节后余额													调节后余额												

表 3-3-2

中国银行客户存款对账单								
2007 年 1 月 31 日				币种：	人民币	单位：	元	页号:1
账号：	9556600100264582		户名：	厦门东方家具有限公司		上页余额：	300 000.00	
日期	交易类型	凭证种类	凭证号	对方户名	摘要	借方发生额	贷方发生额	余额
01.01	转账	贴现凭证			贴现款		993 000.00	1 293 000.00
01.02	转帐	转账支票			转款	300 000.00		993 000.00
01.02	转帐	进账单		厦门禾山电子有限公司	货款		100 000.00	1 093 000.00
01.05	转帐	进账单			赔偿款		1 193.40	1 094 193.40
01.05	转账	转账支票			广告费	100 000.00		1 084 193.40
01.06	转账	转账支票			工资	150 000.00		934 193.40
01.06	转帐	进账单		厦门国际会展有限公司	货款		720 000.00	1 654 193.40
01.07	现金	现金支票			备用金	10 000.00		1 644 193.40
01.08	转帐	委托收款收账通知			销售款	1 000 000.00		644 193.40
01.09	转帐	转账支票			展览费	50 000.00		594 193.40
01.09	转帐	转账支票			维修费	15 000.00		579 193.40
01.10	转帐	税收缴款书			所得税	23 118.68		556 074.72
01.10	转帐	税收缴款书			个人所得税	16 500.00		539 574.72
01.10	转帐	税收缴款书			社会保险费	30 000.00		509 574.72
01.11	转帐	转账支票			房租	450 000.00		59 574.72
01.12	转帐	转账支票			运输费	50 000.00		9 574.72
01.13	转帐	进账单		厦门唐门家具有限公司	货款		400 000.00	409 574.72
01.14	转帐	转账支票			运输费	55 000.00		354 574.72
01.14	转帐	结算单			手续费	50.00		354 524.72
01.14	转帐	转账支票			保证金	300 000.00		54 524.72
01.14	转帐	结算单			手续费	1 000.00		53 524.72
01.15	转帐	转账支票			货款	3 000.00		50 524.72
01.16	转帐	借款借据			借款		1 000 000.00	1 050 524.72
01.17	转帐	银行汇票			货款	800 000.00		250 524.72
01.17	转帐	转账支票			培训款	5 000.00		245 524.72

续表 3-3-2

中国银行客户存款对账单								
2007 年 1 月 31 日				币种：	人民币	单位：	元	页号：2
账号：	9556600100264582		户名：	厦门东方家具有限公司		上页余额：	245 524.72	
日期	交易类型	凭证种类	凭证号	对方户名	摘要	借方发生额	贷方发生额	余额
01.18	跨行	汇兑收账通知		广州超越家具有限公司	货款		926 200.00	1 171 724.72
01.18	转帐	转账支票			交罚款	3 000.00		1 168 724.72
01.18	转帐	转账支票			货款	6 084.00		1 162 640.72
01.19	转帐	工会费缴款书			工会费	12 000.00		1 150 640.72
01.20	转帐	转账支票			捐款	100 000.00		1 050 640.72
01.21	转帐	转账支票			货款	160 380.00		890 260.72
01.21	转帐	结算单			利息		3 451.68	893 712.40
01.21	转帐	转账支票			安装费	30 000.00		863 712.40
01.22	转帐	转账支票			保险费	4 800.00		858 912.40
01.23	转帐	进账单		厦门永裕电子有限公司	货款		34 200.00	893 112.40
01.23	跨行	委托收款付款凭证			电话费	3 641.20		889 471.20
01.23	转帐	进账单			保险赔款		80 000.00	969 471.20
01.24	转帐	进账单			退货款		24 000.00	993 471.20
01.25	转帐	进账单			货款		15 000.00	1 008 471.20
01.25	转帐	委托收款付款凭证			水费	41 600.00		966 871.20
01.25	转帐	委托收款付款凭证			电费	67 500.00		899 371.20
01.26	转帐	进账单			退货款	17 100.00		882 271.20
01.26	转帐	进账单			销售款		433 461.54	1 315 732.74
01.28	现金	委托收款收款凭证			多余款		20 000.00	1 335 732.74
01.29	转帐	电汇单			货款	400 000.00		935 732.74
01.30	转帐	转账支票			审计费	5 000.00		930 732.74
01.31	转帐	进账单			销售款		235 000.00	1 165 732.74
截止 2007 年 1 月 31 日，账户余额：1 165 732.74 元　可用余额：1 165 732.74 元　打印日期：2007-1-31								

（二）往来对账业务

1. 编制厦门张氏家私有限公司对账单。
2. 编制厦门唐门家具有限公司对账单。
3. 编制厦门凯乐装饰有限公司对账单。
4. 编制广东潮州华美家具城有限公司对账单。
5. 编制福州宏发人造板有限公司对账单。
6. 编制厦门万事发有限公司对账单。
7. 编制厦门昌盛油漆有限公司对账单。

对账单如下所示：

对账单

厦门张氏家私有限公司

感谢贵公司长期以来给予我公司的支持，为了双方的更进一步的合作，有必要理清双方的往来。下面是我司财务账面记载的往来余额，烦请贵公司核对，并将核对结果加盖财务章或公章后寄回我司，地址及邮编：厦门市兴山路 89 号厦门东方家具有限公司财务部收(邮编　　)，或传真至　　　　　　，谢谢。

往来情况如下：

截至日期	贵司欠我司	我司欠贵司	备注

厦门东方家具有限公司

年　　月　　日

以上数据确认无误！

年　　月　　日

以上数据存在差异，差异如下：

年　　月　　日

(三) 利息业务

根据借款借据(见表 3-3-3)，计提本月借款利息，并填制利息计算表(见表 3-3-4)并编制记账凭证。

表 3-3-3

（放款）

借款借据（入账通知）

单位编号　　　借款日期 2007 年 1 月 16 日　借据编号 003210

收款单位	名　称	厦门东方家具有限公司	借款单位	名　称	中国银行厦门市分行
	开户账号	9556600100264582		放款户账号	649461647013
	开户银行	中国银行厦门市分行营业部		开户银行	

借款金额	人民币（大写）	壹佰万元整	千	百	十	万	千	百	十	元	角	分
			¥	1	0	0	0	0	0	0	0	0

借款原因及用途	购买固定资产	借款计划指标	

借　款　期　限			
期次	计划还款日期	√	计划还款金额
	2009年1月16日	☐	
		☐	
		☐	
备注：			

你单位上列借款，已转入你单[illegible]由我行按期自你单位结算转还。

中国银行厦门市分行 付讫章

此致

借款单位

（银行盖章）

此联由银行退借款单位作入账通知

$$利息=\frac{借款本金\times年利率\times借款天数}{360(利息实行算头算尾计算天数)}$$

表 3-3-4

长期借款利息计算表

年　　月　　日　　　　　　　　　　　　单位:元

借款证号	计息期间	借款金额	借款利率	借款利息	已提利息	合计
003210			6.03%			

财务主管:　　　　　　　　　　　　　　制表: 王平

(四) 纳税业务

1. 根据本月应交税金中应交增值税有关的数据,结转"应交税金—应交增值税"并编制记账凭证。

2. 计提本月其他业务收入中汽车出租收入应交的营业税(按服务业中的出租税率 5%计缴)。

3. 根据本月应交的增值税及营业税,计提应交的城市维护建设税及教育费附加。其中城市维护建设税税率 7%,教育费附加征收率 3%。

(五) 损益计算

1. 结转本期损益(收入部分)。

2. 结转本期损益(成本费用部分)。

四、登记明细账簿及月结

(一) 日记账的登记

1. 根据本月发生的经济业务资料及编制的记账凭证,登记现金日记账。不考虑按日累计。

2. 根据本月的记账凭证,登记银行存款日记账。要求:在每日最后一笔业务后结出本日余额。

(二) 明细账的登记

1. 登记"其他货币资金—保证金存款"明细账。
2. 登记"其他货币资金—银行汇票"明细账。
3. 登记"其他货币资金—存出投资款"明细账。
4. 登记"可供出售金融资产"明细账。
5. 登记"应收股利"明细账。
6. 登记"坏账准备"明细账。
7. 登记"材料采购—特种胶合板"明细账。
8. 登记"材料采购—普通胶合板"明细账。
9. 登记"材料采购—白色油漆"明细账。
10. 登记"材料成本差异"明细账。
11. 登记"长期股权投资—厦门凯乐装饰材料有限公司"明细账。
12. 登记"固定资产"明细账。
13. 登记"累计折旧"总账。

14. 登记“在建工程”明细账。
15. 登记“固定资产清理”明细账。
16. 登记“无形资产—CRM 软件”明细账。
17. 登记“待处理财产损益—待处理流动资产损益”明细账。
18. 登记“应付职工薪酬—工资”明细账。
19. 登记“应付职工薪酬—职工福利费”明细账。
20. 登记“应付职工薪酬—工会经费”明细账。
21. 登记“应付职工薪酬—社会保险费”明细账。
22. 登记“应交税费—未交增值税”明细账。
23. 登记“应交税费—应交城市维护建设税”明细账。
24. 登记“应交税费—应交教育费附加”明细账。
25. 登记“应交税费—应交个人所得税”明细账。
26. 登记“应交税费—应交所得税”明细账。
27. 登记“应交税费—应交营业税”明细账。
28. 登记“其他应付款—经销商保证金”明细账。
29. 登记“长期借款”明细账。
30. 登记“实收资本”明细账。
31. 登记“盈余公积—法定盈余公积”明细账。
32. 登记“本年利润”明细账。
33. 登记“利润分配—未分配利润”明细账。
34. 登记“主营业务收入—白色办公桌”明细账。
35. 登记“主营业务收入—黑色办公桌”明细账。
36. 登记“主营业务收入—棕色会议桌”明细账。
37. 登记“主营业务收入—普通办公椅”明细账。
38. 登记“主营业务收入—高档办公椅”明细账。
39. 登记“其他业务收入”明细账。
40. 登记“投资收益”明细账。
41. 登记“营业外收入”明细账。
42. 登记“主营业务成本—白色办公桌”明细账。
43. 登记“主营业务成本—黑色办公桌”明细账。
44. 登记“主营业务成本—棕色会议桌”明细账。
45. 登记“主营业务成本—普通办公椅”明细账。
46. 登记“主营业务成本—高档办公椅”明细账。
47. 登记“营业税金及附加”明细账。
48. 登记“其他业务成本”明细账。
49. 登记“财务费用—利息”明细账。
50. 登记“财务费用—手续费”明细账。
51. 登记“营业外支出”明细账。
52. 登记“长期应收款—厦门张氏家私有限公司”明细账。
53. 登记“未实现融资收益”明细账。

54. 登记应交增值税明细账。

(三) 登记往来款明细账

1. 登记“应收票据—厦门华联商厦有限公司”明细账。
2. 登记“应收票据—厦门张氏家私有限公司”明细账。
3. 登记“应收账款—厦门张氏家私有限公司”明细账。
4. 登记“应收账款—厦门唐门家具有限公司”明细账。
5. 登记“应收账款—厦门凯乐装饰有限公司”明细账。
6. 登记“应收账款—厦门禾山电子有限公司”明细账。
7. 登记“应收账款—厦门湖里家具城有限公司”明细账。
8. 登记“应收账款—广州超越家具有限公司”明细账。
9. 登记“应收账款—广东潮州华美家具城有限公司”明细账。
10. 登记“其他应收款—郑凡”明细账。
11. 登记“其他应收款—许飞”明细账。
12. 登记“其他应收款—福州开发区运输公司”明细账。
13. 登记“其他应收款—孙瑶”明细账。
14. 登记“其他应收款—平安保险公司”明细账。
15. 登记“预付账款—深圳龙兴贸易有限公司”明细账。
16. 登记“应付账款—福州宏发人造板有限公司”明细账。
17. 登记“应付账款—厦门万事发有限公司”明细账。
18. 登记“应付账款—福建永安华兴木材厂”明细账。
19. 登记“应付账款—厦门昌盛油漆有限公司”明细账。
20. 登记“应付票据—福建建瓯山林木材有限公司”明细账。
21. 登记“应付票据—厦门昌盛油漆有限公司”明细账。
22. 登记“应付票据—福州宏发人造板有限公司”明细账。
23. 登记“预收账款—厦门东百商场股份有限公司”明细账。

(四) 多栏式明细账的登记

1. 登记“管理费用”明细账。
2. 登记“销售费用”明细账。
3. 登记“制造费用—木工车间”明细账。
4. 登记“制造费用—油漆车间”明细账。
5. 登记“制造费用—装配车间”明细账。

(五) 生产成本明细账的登记

1. 登记“生产成本—基本生产成本—白色办公桌”明细账。
2. 登记“生产成本—基本生产成本—黑色办公桌”明细账。
3. 登记“生产成本—基本生产成本—棕色会议桌”明细账。
4. 登记“生产成本—基本生产成本—普通办公椅”明细账。
5. 登记“生产成本—基本生产成本—高档办公椅”明细账。
6. 登记“生产成本—辅助生产成本”明细账。

(六) 数量金额式明细账的登记

1. 登记“原材料—特种胶合板”数量金额明细账。

2. 登记“原材料—普通胶合板”数量金额明细账。
3. 登记“原材料—油漆(白色)”数量金额明细账。
4. 登记“原材料—油漆(黑色)”数量金额明细账。
5. 登记“原材料—油漆(棕色)”数量金额明细账。
6. 登记“原材料—酒精”数量金额明细账。
7. 登记“周转材料—包装物(塑料包装纸)”数量金额明细账。
8. 登记“周转材料—包装物(塑料包装纸)”数量金额明细账。
9. 登记“周转材料—低值易耗品(工作服)”数量金额明细账。
10. 登记“周转材料—低值易耗品(口罩)”数量金额明细账。
11. 登记“库存商品—白色办公桌”数量金额明细账。
12. 登记“库存商品—黑色办公桌”数量金额明细账。
13. 登记“库存商品—棕色会议桌”数量金额明细账。
14. 登记“库存商品—普通办公椅”数量金额明细账。
15. 登记“库存商品—高档办公椅”数量金额明细账。
16. 登记“委托代销商品—普通办公椅”数量金额明细账。
17. 登记“委托代销商品—黑色办公桌”数量金额明细账。

五、登记科目汇总表

要求:根据本月的记账凭证,编制科目汇总表。

六、登记总账

要求:根据编制的科目汇总表登记总账。

(一)资产类账户

1. 登记库存现金总账。
2. 登记银行存款总账。
3. 登记其他货币资金总账。
4. 登记可供出售金融资产总账。
5. 登记应收票据总账。
6. 登记应收股利总账。
7. 登记应收账款总账。
8. 登记其他应收款总账。
9. 登记预付账款总账。
10. 登记材料采购总账。
11. 登记原材料总账。
12. 登记周转材料总账。
13. 登记材料成本差异总账。
14. 登记库存商品总账。
15. 登记委托代销商品总账。
16. 登记固定资产总账。

17. 登记累计折旧总账。
18. 登记在建工程总账。
19. 登记固定资产清理总账。
20. 登记无形资产总账。
21. 登记累计摊销总账。
22. 登记待处理财产损溢总账。
23. 登记长期股权投资总账。
24. 登记坏账准备总账。
25. 登记长期应收款总账。
26. 登记未实现融资收益总账。
27. 登记生产成本总账。
28. 登记制造费用总账。
29. 登记“长期应收款”总账。
30. 登记“未实现融资收益”总账。

(二) 负债和所有者权益类账户

1. 登记应付票据总账。
2. 登记应付账款总账。
3. 登记预收账款总账。
4. 登记应付职工薪酬总账。
5. 登记应交税费总账。
6. 登记应付利息总账。
7. 登记长期借款总账。
8. 登记本年利润总账。
9. 登记实收资本总账。
10. 登记盈余公积总账。
11. 登记利润分配总账。
12. 登记其他应付款总账。

(三) 损益类账户

1. 登记主营业务收入总账。
2. 登记其他业务收入总账。
3. 登记营业外收入总账。
4. 登记投资收益总账。
5. 登记主营业务成本总账。
6. 登记营业税金及附加总账。
7. 登记其他业务成本总账。
8. 登记其销售费用总账。
9. 登记其管理费用总账。
10. 登记其财务费用总账。
11. 登记其营业外支出总账。

七、编制会计报表

1. 资产负债表的编制。请编制该公司 2007 年 1 月份的资产负债表(见表 3-7-1)。(保留 2 位小数,无数字处不用填写)。

表 3-7-1　　资产负债表　　会企 01 表

编制单位:　　年　月　日　　单位:

资　产	期末余额	年初余额	负债和所有者权益	期末余额	年初余额
流动资产:			流动负债:		
货币资金			短期借款		
交易性金融资产			交易性金融负债		
应收票据			应付票据		
应收账款			应付账款		
预付款项			预收款项		
应收利息			应付职工薪酬		
应收股利			应交税费		
其他应收款			应付利息		
存货			应付股利		
一年内到期的非流动资产			其他应付款		
其他流动资产			一年内到期的非流动负债		
流动资产合计			其他流动负债		
非流动资产:			流动负债合计		
可供出售金融资产			非流动负债:		
可供出售金融资产			长期借款		
长期应收款			应付债券		
长期股权投资			长期应付款		
投资性房地产			专项应付款		
固定资产			预计负债		
在建工程			递延所得税负债		
工程物资			其他非流动负债		
固定资产清理			非流动负债合计		
生产性生物资产			负债合计		
油气资产			所有者权益(或股东权益):		
无形资产			实收资本(或股本)		
开发支出			资本公积		
商誉			减:库存股		
长期待摊费用			盈余公积		
递延所得税资产			未分配利润		
其他非流动资产			所有者权益(或股 东权益)合计		
非流动资产合计					

续表 3-7-1

资　　产	期末余额	年初余额	负债和所有者权益	期末余额	年初余额
资产总计			负债和所有者权益(或股东权益)合计		

2. 利润表的编制。请编制该公司 2007 年 1 月份的利润表(见表 3-7-2)。(保留 2 位小数,金额为 0 时不用填写)。

表 3-7-2　　利　润　表　　会企 02 表

编制单位:　　年　月　日　　单位:

项　　目	本期金额	上期金额
一、营业收入		
减:营业成本		
营业税金及附加		
销售费用		
管理费用		
财务费用		
资产减值损失		
加:公允价值变动收益(损失以"—"填列)		
投资收益(损失以"—"填列)		
其中:对联营企业和合营企业的投资收益		
二、营业利润(亏损以"—"填列)		
加:营业外收入		
减:营业外支出		
其中:非流动资产处置损失		
三、利润总额(亏损总额以"—"号填列)		
减:所得税费用		
四、净利润(净亏损以"—"号填列)		
五、每股收益:		
(一)基本每股收益		
(二)稀释每股收益		

3. 现金流量表的编制。

(1) 根据本月的经济业务资料,编制现金流量表(见表 3-7-3)。

表 3-7-3　　现金流量表　　会企 03 表

编制单位:　　年　月　日　　单位:

项　　目	行　　数	金　　额
一、经营活动产生的现金流量:		
销售商品、提供劳务收到的现金	1	
收到的税费返还	3	

续表 3-7-3

项　　目	本期金额	上期金额
收到的其他与经营者活动有关的现金	8	
现金流入小记	9	
购买商品、接受劳务支付的现金	10	
支付给职工以及为职工支付的现金	12	
支付的各项税费	13	
支付的其他与经营活动有关的现金	18	
现金流出小计	20	
经营活动产生的现金流量净额	21	
二、投资活动产生和现金流量：		
收回投资所收到的现金	22	
取得投资收益所收到的现金	23	
处置固定资产、无形资产和其他长期资产所收到的现金净额	25	
收到的其他与投资活动有关的现金	28	
现金流入小计	29	
购建固定资产、无形资产和其他长期资产所支付的现金	30	
投资所支付的现金	31	
支付的其他与投资活动有关的现金	35	
现金流出小计	36	
投资活动产生的现金流量净额	37	
三、筹资活动产生的现金流量：		
吸收投资所收到的现金	38	
借款所收到的现金	40	
收到的其他与筹资活动有关的现金	43	
现金流入小计	44	
偿还债务所支付的现金	45	
分配股利、利润或偿付利息所支付的现金	46	
支付的其他与筹资活动有关的现金	52	
现金流出小计	53	
筹资活动产生的士现金流量净额	54	
四、汇率变动对现金的影响额	55	
五、现金及现金等价物净增加额	56	

（2）根据本月的资料编制现金流量表补充资料（见表 3-7-4）。（保留 2 位小数）

表 3-7-4　　编制现金流量表补充资料

补充资料	本期金额	上期金额
1. 将净利润调节为经营活动现金流量：		
净利润		
加：资产减值准备		
固定资产折旧、油气资产折耗、生产性生物资产折旧		
无形资产摊销		
长期待摊费用摊销		
处置固定资产、无形资产和其他长期资产的损失(收益以"－"号填列)		
固定资产报废损失(收益以"－"号填列)		
公允价值变动损失(收益以"－"号填列)		
财务费用(收益以"－"号填列)		
投资损失(收益以"－"号填列)		
递延所得税资产减少(增加以"－"号填列)		
递延所得税负债增加(减少以"－"号填列)		
存货的减少(增加以"－"号填列)		
经营性应收项目的减少(增加以"－"号填列)		
经营性应付项目的增加(减少以"－"号填列)		
其他		
经营活动产生的现金流量净额		
2. 不涉及现金收支的重大投资和筹资活动：		
债务转为资本		
一年内到期的可转换公司债券		
融资租入固定资产		
3. 现金及现金等价物净变动情况：		
现金的期末余额		
减：现金的期初余额		
加：现金等价物的期末余额		
减：现金等价物的期初余额		
现金及现金等价物净增加额		

4. 所有者权益变动表。根据本月资料(假定本月的就是一年的资料)编制该公司的所有

者权益变动表(见表 3-7-5)。(保留 2 位小数)

表 3-7-5 **所有者权益变动表** 会企 04 表

编制单位： 年 月 日 单位:元

项目	本年金额						上年金额					
	实收资本(或股本)	资本公积	减:库存股	盈余公积	未分配利润	所有者权益合计	实收资本(或股本)	资本公积	减:库存股	盈余公积	未分配利润	所有者权益合计
一、上年年末余额												
加:会计政策变更												
前期差错更正												
二、本年年初余额												
三、本年增减变动金额(减少以“－”号填列)												
(一) 净利润												
(二) 直接计入所有者权益的得和损失												
1. 可供出售金融资产公允价值变动净额												
2. 权益法下被投资单位其他所有者权益变动的影响												
3. 与计入所有者权益项目相关的所得税影响												
4. 其他												
上诉(一)和(二)小计												
(三) 所有者投入和减少资本												
1. 所有者投入资本												
2. 股份支付计入所有者权益的金额												
3. 其他												
(四) 利润分配												
1. 提取赢余公积												
2. 对所有者(或股东)的分配												
3. 其他												
(五) 所有者权益内部结转												
1. 资本公积转增资本(或股本)												
2. 盈余公积转增资本(或股本)												
3. 盈余公积弥补亏损												
4. 其他												
四、本年年末余额												

八、编制纳税申报表

(一) 填制企业所得税年度纳税申报表

假设本案例的数据为年度数据，根据上述数据填制企业所得税年度纳税申报表（见表3-8-1）。假定本企业的工资发放未超过厦门规定的税前扣除标准，其他纳税法规执行国家税务总局有关规定。（计算结果保留2位小数）。

(二) 填制增值税纳税申报表

1. 填制增值税纳税申报表附列资料（一）。填制2007年1月份的增值税纳税申报表附列资料（一）（见表3-8-2）。

2. 填制增值税纳税申报表附列资料（二）。填制2007年1月份的增值税纳税申报表附列资料（二）（见表3-8-3）。

3. 填制2007年1月份的增值税纳税申报表（见表3-8-4）。

(三) 营业税纳税申报表

编制营业税纳税申报表。

根据本月的经济业务资料，编制营业税纳税申报表（见表3-8-5）。

表 3-8-5

营业税纳税申报表

填表日期：2007 年 2 月 2 日

纳税人识别码：　　　　　　　　　　　　　　金额单位：元（列至角分）

纳税人名称						税款所属期					
税目	经营项目	营业额					税率	本期			
		全部收入	不征税项目	减除项目	减免税项目	应税营业额		应纳税额	减免税额	已纳税额	应补（退）额
1	2	3	4	5	6	7=3-4-5-6	8	9=7×8	10=6×8	11	12
服务业	租赁										
合计							—				

如纳税人填报，由纳税人填写以下各栏		如委托代理人填报，由代理人填写以下各栏				备注
会计主管（签章）	纳税人（公章）	代理人名称		代理人（公章）		
		代理人地址				
		经办人		电话		
以下由税务机关填写						
收到申请表日期				接收人		